Cleveland

FAUX TITRE

207

Etudes de langue et littérature françaises
publiées sous la direction de

Keith Busby, M.J. Freeman,
Sjef Houppermans, Paul Pelckmans
et Co Vet

Cleveland
ou l'impossible proximité

Paul Pelckmans

AMSTERDAM - NEW YORK, NY 2002

Ouvrage publié avec le concours de l'Université d'Anvers (UFSIA).

The paper on which this book is printed meets the requirements of
'ISO 9706: 1994, Information and documentation - Paper for documents -
Requirements for permanence'.

Le papier sur lequel le présent ouvrage est imprimé remplit les prescriptions
de "ISO 9706:1994, Information et documentation - Papier pour documents
- Prescriptions pour la permanence".

ISBN: 90-420-1545-4
Editions Rodopi B.V., Amsterdam - New York, NY 2002
Printed in The Netherlands

Introduction

En 1731, l'année du bref récit qui passera pendant deux siècles pour être son seul chef-d'oeuvre, l'abbé Prévost rédige aussi, là encore pour les publier aussitôt, les quatre premiers volumes de ce qui sera son roman le plus prodigieux, *Le Philosophe anglais ou Histoire de Monsieur Cleveland*. Roman presque extravagant, à contre-courant d'à peu près tout ce que la littérature de fiction semblait alors en voie de pouvoir devenir; il reste, selon une opinion aujourd'hui de plus en plus partagée, l'oeuvre la plus totale de son auteur et une des grandes sommes romanesques du siècle.

Les *Mémoires et aventures d'un homme de qualité* avaient été un roman à tiroirs, un ensemble disparate fait de pièces et de morceaux. Quelques-unes de ces pièces, parmi lesquelles bien sûr *Manon Lescaut*, sont de véritables joyaux; l'ensemble reste une manière de fourre-tout, où la formule du roman-mémoires accueillait à peu près n'importe quelle anecdote -à la seule et indulgente condition qu'elle arrivât dans les entours du narrateur mémorialiste. Les romans qui viendront après *Cleveland* resteront fidèles à la même formule, mais proposeront des intrigues à la fois plus recentrées et plus vraisemblables. Les péripéties ahurissantes n'y manquent pas, mais le lecteur peut se sentir, en principe, de plain-pied avec les tracas du Doyen soucieux de caser ses frères et soeurs, de l'amoureux perplexe de la Grecque moderne ou des préoccupations de carrière et d'établissement qui font la trame des *Mémoires de Malte* ou des *Campagnes philosophiques*.

Cleveland défie ce type d'identification. Le héros y retrouve l'infinie mobilité du roman baroque. Ce bâtard de Cromwell rejeté par son père rejoint d'abord l'exil français de Charles II et le quitte presque aussitôt pour partir en Amérique. Son périple manque de toucher à Sainte-Hélène et passe par Cuba et les établissements anglais de la Caroline: il s'interrompt enfin chez une peuplade indienne inconnue qui semble habiter une vallée perdue des Montagnes Rocheuses. Le voyage retour passe en gros par les mêmes escales, auxquelles s'ajoute encore un épisode espagnol. Après quoi le dernier tiers du roman se cantonne à peu près exclusivement en France, même si bien des choses s'y ordonnent dans la perspective d'un retour final en Angleterre que le roman finit par ne plus raconter.

Ces déplacements forcés se prêtent, là encore selon les canons d'un très ancien romanesque, à bien des retrouvailles. Cleveland retrouve son demi-frère Bridge au beau milieu de l'Atlantique. Quelques mois plus tard, il se lance à travers les déserts du Nouveau Monde à la recherche de Milord Axminster et de

Introduction

Fanny, les deux êtres au monde qu'il vénère et chérit le plus et qui l'avaient abandonné en France en le croyant parjure; les apparences avaient été très accablantes. Il les retrouve en plein désert; cela lui réussit même quelques jours seulement après son départ de la dernière ville civilisée... Les épreuves américaines ne sont pas finies pour autant. Cleveland et Fanny se marient, mais Milord Axminster les quitte au lendemain des noces pour aller poursuivre ses projets politiques; ils le retrouvent cette seconde fois sur son lit de mort, dans la bourgade perdue de Pensacola où le hasard l'a amène à point nommé "quinze jours" (p.237) avant que Cleveland et Fanny n'y arrivent à leur tour.

A ce moment, les jeunes époux croient en outre avoir perdu leur fille nouveau-née, dévorée par des anthropophages. Bien des années plus tard, Cleveland, abandonné par Fanny, ébauche de nouvelles amours -auxquelles il renonce sans trop d'efforts quand il apprend que la fugitive l'avait cru épris d'une rivale. Il découvre à peu près au même moment que sa nouvelle bien aimée n'est autre que sa fille crue morte. Découverte si surprenante qu'elle ne pouvait guère être amenée que par une reconnaissance d'appoint: Fanny, un jour qu'elle est de passage dans un village huguenot près du Havre, y est reconnue par une compagne de l'aventure américaine, que Cleveland et Fanny avaient crue pareillement dévorée mais qui, en réalité, avait réussi à s'échapper avec la petite Cecile et avait fini par la ramener en Europe!

Cleveland, ainsi, est bien, au sens étymologique comme dans l'acception courante du terme, le roman le plus extravagant de Prévost. Cela ne le singularise pas absolument à son époque, où la tradition du romanesque échevelé et arbitraire était loin d'avoir jeté ses derniers feux. A en croire Jean Sgard[1], elle connaîtrait même, au moment où Prévost se met à rédiger son deuxième roman, un retour de faveur. Le regain irait au devant de certain besoin d'évasion dans la France trop paisible du cardinal Fleury. N'empêche que, de toute évidence, la production d'avenir, dans cette première moitié du XVIIIème siècle, regarde dans un autre sens: elle oeuvre à certain réalisme, à l'élaboration d'une psychologie plus mesurée ou aux raffinements stratégiques du libertinage. Les énormes invraisemblances et l'événementiel convenu des traditions hellénistique et baroque restent sans doute assez vivaces pour susciter la verve des parodistes[2]; leur mise en oeuvre sérieuse se cantonne de plus en plus à une littérature de délasse-

---

[1] Cf. Jean Sgard, *Prévost romancier*, pp.150-55

[2] On se souvient que Diderot, dans *Jacques le fataliste*, se refuse plaisamment une coïncidence trop confortable en disant que "cela aurait pué le *Cleveland* à infecter" (Diderot, *Oeuvres II*, p.738)...

Introduction

ment qui se ressasse sans rien renouveler -un peu comme, de nos jours, le feuilleton télévisé ou le cinéma reproduisent inlassablement du Romantisme.

Prévost, assurément, ne sera pas retourné à ces veilleries sans savoir qu'elles gardaient la faveur d'un large public. *Cleveland* est aussi, comme son oeuvre entière, une entreprise alimentaire, talonnée en cette période la plus désemparée de sa vie par de très impérieuses urgences. N'empêche qu'elles n'auront pas suffi à commander la genèse de l'ocuvre, qui a été assez longtemps interrompue, après la parution à peu près simultanée des quatre premiers tomes, pour que l'éditeur ait préféré en confier l'achèvement à un continuateur anonyme[3]. Prévost, entretemps, abat une immense besogne de journaliste (*Le pour et contre*) et de traducteur-compilateur; il commence aussi, en 1735, son troisième roman, *Le Doyen de Killerine*, dont l'accent sera nettement plus moderne. Il est permis de croire que s'il a repris seulement alors son *Cleveland* pour l'achever en moins de deux ans, c'est que l'oeuvre entretemps lui paraissait mûre. A une époque où Marivaux et Crébillon fils dédaignaient volontiers d'achever leurs *Egarements* ou autres *Vie de Marianne*,

> il est évident que pour Prévost les projets annoncés ne sont pas de vagues fantaisies: la preuve en est qu'il ne les abandonne pas. Qui sait si les interruptions de son travail ne lui sont pas nécessaires pour lui laisser le temps de réfléchir, pour que mûrissent dans son imagination les conséquences de dilemmes plutôt élaborés que résolus?[4]

Aussi Philip Stewart, qui a patiemment retracé les aléas laborieux de cette genèse, finit-il par conclure:

> L'oeuvre se tient, ce qui veut dire qu'on peut l'analyser dans ses propres termes, comme toute grande oeuvre. [5]

C'est un peu ce qu'on voudrait tenter ici.

A une importante nuance près cependant. Pour une oeuvre aussi éloignée que celle-ci de toute véracité commune, la recherche de termes "propres" pour-

---

[3] Cf. à ce sujet une belle étude de R. Francis, 'Prévosts *Cleveland* and its anonymous continuation'.
[4] Philip Stewart, 'Prévost et son *Cleveland*', p.206.
[5] *Ib.*

rait dégager une cohérence interne qui se suffirait à elle-même, des coordonnées qui baliseraient quelque chose comme la morphologie de ce conte monstrueux. Ce serait, je crois, rester en-deçà de l'ambition de Prévost. Ses digressions philosophiques, le propos apologétique ici exceptionnellement insistant, les utopies et les réflexions sur l'état de nature et sur les peuplades qui s'en rapprochent, tout indique qu'avec cette fable qui prolonge de très veilles chimères, Prévost poursuit un projet de vérité. Aussi voudrais je partir ici de l'hypothèse - ambitieuse à son tour- que les emprunts disparates et l'intrigue farfelue cherchent, dans *Cleveland*, à saisir et à mettre en scène une vérité d'époque qu'une intrigue plus réaliste n'aurait sans doute jamais pu embrasser à ce point.

On pourrait rappeler à ce propos les antinomies lucaksiennes entre le typique et le courant. Il est vrai qu'il serait peut-être difficile, en bonne rigueur épistémologique, de les détacher de leurs soubassements marxistes. La vérité historique que nous visons ici se définirait plutôt dans les parages des mentalités et de telles réflexions anthropologiques sur les débuts de la modernité. Je me contente donc de rappeler un propos plus lapidaire de Jean Cocteau, qui définissait un jour la poésie comme *un mensonge qui dit toujours la vérité*. "Toujours", en l'occurrence, paraît bien généreux; il reste que ce miracle se produit quelquefois et que c'est sans doute alors, quand elle réussit à capter dans une fable inattendue les dynamismes majeurs qui l'entourent, que la fiction atteint ses réussites les plus hautes. La présente étude voudrait montrer que *Cleveland* participe à sa manière, et fût-ce, comme nous le verrons, pour délivrer un message plutôt flatteur, de cette suprême véracité.

Je ne prétends bien sûr pas être le premier qui s'en soit avisé. La grandeur de *Cleveland* s'impose à tout lecteur qui ne se contente pas de le consulter. Robert Mauzi, à une époque où la critique s'intéressait moins que de nos jours au romanesque des Lumières et où la grandeur de Prévost se limitait encore à la seule *Manon Lescaut*, écrivait déjà:

> Quand on connaît *Cleveland* et *La nouvelle Héloïse*, il reste peu à découvrir sur le XVIIIème siècle! [6]

Il aurait été outrecuidant de mettre un tel propos en exergue à un essai comme celui-ci. Si je me permets pourtant de le citer, c'est que, trente ans après la grande thèse de Robert Mauzi, cette préséance, désormais évidente pour *Julie*,

---

[6] Robert Mauzi, *L'idée de bonheur au XVIIIème siècle*, p.10.

Introduction

semble toujours moins largement acquise au grand roman de Prévost. Il n'était donc pas inutile d'en détailler encore une fois la richesse.

Mon essai, sur ce point, prétendra d'autant moins à l'exhaustivité que j'ai délibérément opté pour des dimensions assez réduites. Autant que par son intrigue désuète, le roman de Prévost a été désservi par ses proportions excessives: elles paraissent aujourd'hui d'autant plus fastidieuses qu'elles prolongent un pathétique soutenu en tant que tel pour notre goût assez lassant. Il m'a semble que, pour réinscrire enfin *Cleveland* parmi les lectures incontournables de tout amateur des Lumières, mieux valait plaider sa cause sans épuiser l'argumentaire.

Un essai comme celui-ci, qui commente d'assez près un gros livre trop peu lu, devait comporter beaucoup de citations. Les références à *Cleveland* renvoient au texte fourni par Philip Stewart dans le t.2 des *Oeuvres de Prévost* publiées aux Presses Universitaires de Grenoble entre 1977 et 1986.

Comme mon essai obligera le lecteur à plusieurs va et vient à travers une intrigue fort touffue, je me permets de rappeler aussi qu'on en trouve un excellent *Sommaire* dans *Cahiers Prévost d'Exiles*, 5/1988, pp.11-19.

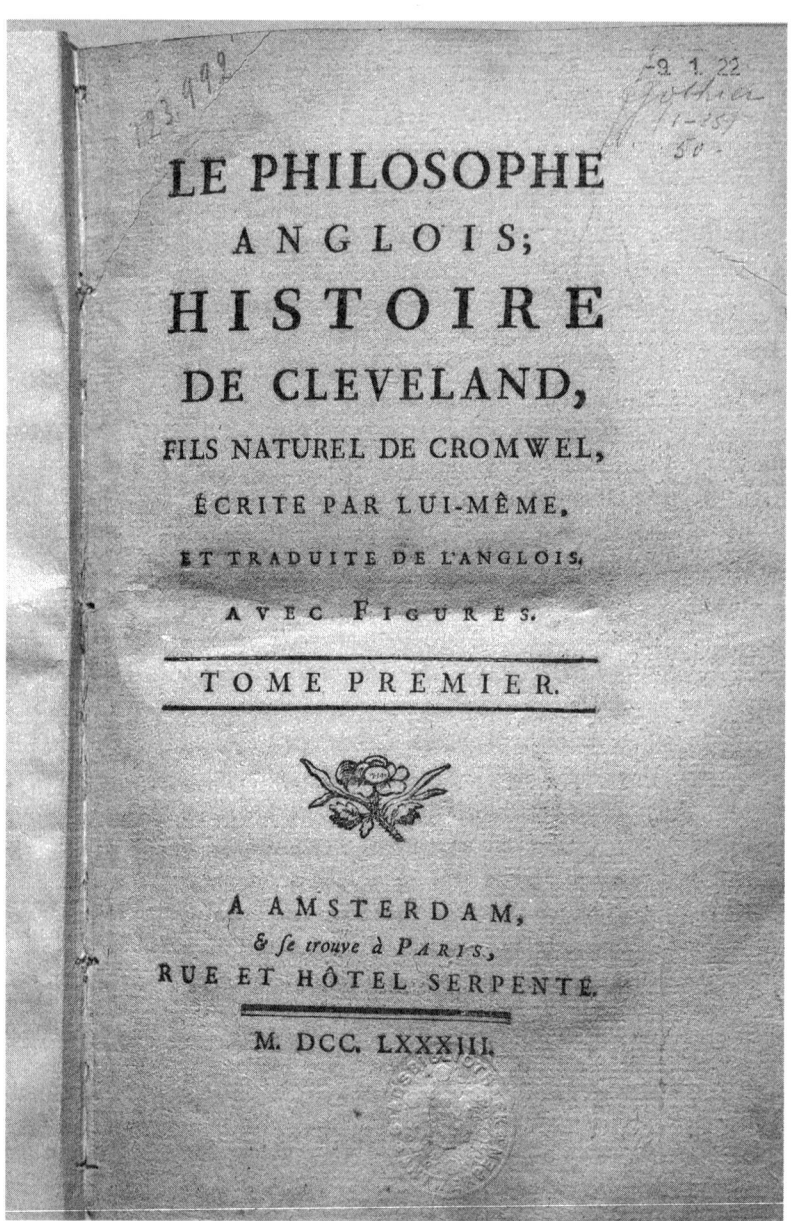

Exemplaire de la Bibliothèque Communale d'Anvers Cote C 54652/4-7

Les desseins du Ciel

Cleveland relate donc ses événements hors du commun sur un ton qui s'écarte sensiblement de ce que pourrait être un registre uniment narratif. Il n'est guère question de transcription pure et simple, ni d'ailleurs d'évocation pittoresque: ce récit qui parcourt la moitié du globe perçoit à peine la diversité de ses paysages. Prévost préfère, presque sans fléchissements, le style noble et le pathétique soutenu.

Ce parti pris se traduit entre autres par un nombre élevé de références au Ciel. Les événements, ici, n'arrivent pas tout seuls et ne résultent pas non plus de la simple interaction des personnages. Cleveland n'est pas homme à se contenter des jeux élémentaires de l'amour et du hasard. A vrai dire, il n'y a presque pas de page[1] où tel incident ne se trouve rapporté aux desseins du Ciel. Références disparates, qui se limitent majoritairement à des formules toutes faites et qui ébauchent quelquefois des récriminations ou des étonnements perplexes; avant d'inventorier ce dossier -ce sera la matière de ce premier chapitre-, il convient de souligner d'abord son exceptionnelle abondance. Abondance qui fait, dès la première lecture, un des traits les plus voyants de l'oeuvre, l'un de ceux aussi qui contribuent aujourd'hui à la dater: habitué à des énonciations sécularisées, le lecteur moderne s'intéresse s'il le faut à quelques envolées théologiques, mais s'irrite de tant de références si lourdement stéréotypées.

Leur surprésence oeuvre sans doute à sa manière à cette promotion du roman qui est, au XVIIIème siècle, une ambition à peu près constante du genre. Ambition que nous reconnaissons plus facilement quand elle plaide la dignité intrinsèque des détails bas et des destinées communes; ses combattants de la première heure ne dédaignaient pas toujours, quand ce nouveau prestige devait encore se conquérir de haute lutte, de remporter quelques victoires impropres. Les romanciers cherchaient alors à emprunter la noblesse du discours tragique. Leurs personnages inventés de toutes pièces se mettent au niveau des grands rôles mythologiques ou romains en s'accoutumant eux aussi à apostropher le Ciel. Ce n'est pas exactement cette grandeur-là qu'ils visaient en profondeur: le roman, essentiellement plébéien, apprendra plutôt à se passer de ce type d'oripeaux. Tant que la relève restait indécise, il pouvait sembler gratifiant de créer du neuf qui ressemblait à l'ancien -et en paraissait d'autant plus impressionnant.

Cleveland parle comme un personnage de tragédie. Lui aussi veut avoir droit à une destinée dûment téléguidée d'En-Haut. Cela lui va d'autant mieux que ce

---

[1] Dans le grand format des *Oeuvres de Prévost* s'entend...

Les desseins du Ciel

mémorialiste est un converti. Le roman se veut édifiant, ses textes liminaires assurent qu'il s'y agit de démontrer l'insuffisance des lumières naturelles. Le protagoniste finirait, après bien des errances, par retrouver les religions révélées. La thèse, assurément, ne domine pas vraiment le roman; elle est pourtant beaucoup plus qu'un prétexte puisque bien des scènes, que nous rencontrerons en temps utile, s'y ordonnent directement. Là aussi, ce seraient plutôt nos évidences modernes qui engageraient à soupçonner d'office un simple alibi opportuniste dans un projet que Prévost, même s'il ne l'a pas tout à fait réussi, a pu poursuivre fort sérieusement. Les nombreuses références au Ciel font dans cette perspective autant de pierres d'attente. Leur rôle est aussi de rappeler que le narrateur, au soir de sa vie, se trouvera très éloigné des errements qui font la matière de sa rétrospective.

Récurrences

Le problème est donc de savoir si Prévost a vraiment su, comme son dessein l'y obligeait, faire parler un dévot. Peu importe à cet égard que le discours ne soit pas toujours cohérent et que le narrateur vienne aussi à parler de hasard ou de fortune. Dans un discours proprement analytique, ce genre d'interférences ne laisserait pas de faire problème: un monde regi par la Providence serait tenu d'ignorer le hasard comme les caprices gratuits de la fortune. Le roman n'y regarde pas de si près et ne devait pas le faire. Il lui arrive même de combiner les divers lexiques au sujet d'un même événement, qui se trouve alors attribué, à quelques lignes de distance, à des instances logiquement incompatibles. Egaré dans les souterrains où il cherche à échapper à la vindicte de Cromwell, Cleveland y découvre une inscription, "quelques caractères gravés sur le roc" (p.36) par un autre réfugié:

> Si la fortune amène après moi dans ces lieux quelque malheureux pour chercher un asile, qu'il se console en apprenant que ses maux ne sauraient égaler ceux que j'y souffre, ni ses larmes celles que je verse incessamment. Ainsi l'a voulu le ciel, qui règle nos destinées par des jugements d'une profondeur infinie. (p.37)

La profession de foi finale, en bonne logique, aurait dû interdire la référence initiale à la fortune; ce serait un peu court de supposer qu'elle la corrige[2], ne fût-

---

[2] Noto@ns au passage que le roman propose, dans un épisode bien plus tardif, un second message bref de la même main, qui se trouve inverser l'alternative: "Si quelque faveur du ciel fait un jour tomber sur mes traces mes chers enfants et ma chère amie; si Cleve-

ce que parce qu'une inscription appelle un propos apprêté plutôt qu'une effusion sujette aux repentirs. Il est vrai que le style semble en l'occurrence peu 'lapidaire' -et que Prévost est assez porté aux expressions pathétiques pour les inscrire parfois un peu indûment.

Les retrouvailles de Cleveland avec son demi-frère Bridge au beau milieu de l'Océan font un des incidents les plus surprenants du roman. Bridge y reconnaît un "caprice de la fortune", Cleveland remercie le Ciel. Quelques lignes plus bas, Bridge se met à raconter son histoire; elle commence par un sauvetage inespéré qu'il décrit comme un "miracle que le Ciel avait opéré pour (s)on salut". Un peu plus tard, il préfère parler du "hasard qui (lui) a conservé" (p.97) la vie. Une autres rescapée a manqué de s'égarer à jamais dans les déserts d'Amérique; heureusement, raconte-t-elle,

> la Providence du ciel avait marqué un terme aux agitations de ma vie. D'heureux hasards me conduisirent dans un port français, où je trouvai un vaisseau prêt à faire voile pour l'Europe. (p.447)

Ces va et vient attestent surtout, je crois, la robuste familiarité avec un lexique coutumier. Comme il n'est pas trop besoin de controler son dire quand il s'agit de très vieilles évidences, rien n'empêche d'attendre "des miracles du ciel et de la fortune" (p.155) ou d'espérer que tel "heureux hasard" vaudra "un gage de la fortune qui ne lui permett(tra) plus de se démentir" (p.508).

L'évidence, là encore depuis toujours, tendait à investir de préférence certains types d'événements. La Providence, pour qui y croit, est nécessairement sous-jacente à tout ce qui arrive. Comme même l'âme la plus fervente s'acommode mal d'une adoration à la lettre perpétuelle, on venait à reconnaître surtout le doigt de Dieu dans certains contextes privilégiés. Naissances et décès, par exemple, faisaient des échéances à la fois majeures et largement soustraites à toute emprise humaine. A une époque où les triomphes de la médecine moderne restaient proprement inimaginables, elles semblaient éminemment du ressort de la décision suprême. La mère de Bridge apprend à son ex-amant "que le Ciel avait permis qu'elle eût mis heureusement au monde un fruit de leurs amours" (p.27); c'est encore une "disposition du ciel" (p.143) qui veut qu'après six nuits de noces parallèles suivies d'une cruelle séparation, une seule jeune épouse se retrouve enceinte. La petite Cecile passe longtemps pour avoir été dévoreée par

---

land, Fanny et Mme Riding sont jetés par quelque hasard dans cette nation bienfaisante, qu'ils prennent confiance à leurs hôtes..." (p.548)

Les desseins du Ciel

les sauvages; Cleveland, à tel résumé de ses mésaventures, raconte que "le ciel lui avait accorde une chère fille", puis qu'il "avait plu au ciel de la retirer à lui" (p.239). Dans un moment de désespoir, il regrette qu'il lui reste encore deux fils:

> O Dieu! Pourquoi permettiez-vous que je les misse au monde? (p.291)

Milady Axminster survit à une blessure qui aurait dû être mortelle; le "ciel (...) la rend" (p.46) à son mari. Elle ne se rétablit pourtant pas pour de bon et ne traîne plus qu'une existence languissante; "le ciel lui" fait donc "une faveur en finissant ses langueurs et ses peines" (p.59).

Le Ciel semble aussi plus particulièrement actif dans sa propre cause. La mère de Cleveland, après une vie agitée qui la fait passer des bras de Charles I à ceux de Cromwell, revient à une conduite plus réglée. Cromwell, devenu entretemps Protecteur de la République d'Angleterre et d'autant plus soucieux de sa réputation d'austérité, en veut désormais à la vie de son ancienne maîtresse. Le lecteur se demande donc si la retraite qui la soustrait à ces dangers ne ferait pas de nécessité vertu; la repentie, pour sa part, fait hommage au ciel d'une conversion sentie:

> Le ciel me fit luire un rayon de sa lumière; je vis clair au fond de mon coeur. (p34)

A l'autre bout du roman, la conversion de Cleveland est due à l'exemple et aux leçons de Milord Clarendon; c'est donc "le hasard, ou plutôt la providence (qui) le met en liaison avec" (p.356) ce nouvel ami.

Cette évidence-là semble si bien acquise que le roman ne se gêne pas de l'invoquer[3] pour justifier telle coïncidence édifiante. Tout se passe curieusement comme si la référence explicite au Ciel, qui achève aujourd'hui de compromettre sans recours un arrangement trop voyant, suffisait au XVIIIème siècle pour le faire paraître moins arbitraire. Une tablée d'esprits forts doute comme il se doit de l'existence de l'âme; ils se promettent que le premier qui se trouvera à

---

[3] Il ne se gêne pas non plus pour l'invoquer au moins une fois en faveur du déisme. Quand Cleveland, du temps de son éphémère royauté Abaqui, s'efforce d'amener ses sujets à la religion naturelle, le Ciel se montre assez oecuménique pour seconder aussi ce zèle: "La vérité de ma réponse, le ton peut-être dont je la prononçai, ou plutôt la bonté infinie de Dieu qui voulait tirer ces pauvres sauvages de leur aveuglement, leur dessilla si entièrement les yeux qu'ils me parurent transportés de joie de se trouver tout d'un coup au milieu de la lumière" (p.211).

l'article de la mort saura faire attention à tout ce qu'il ressentira et le communiquer à ses convives. La minute de la vérité ne se fait pas attendre:

> Le ciel permit que tous ces souhaits ne fussent point inutiles. Avant la fin de la même semaine, Monsieur de Tréville, homme riche et connu par son goût pour le plaisir, fut atteint d'une pleurésie violente qui le réduisit en peu de jours à l'extrémité. (p.565)

Le moribond ne transmet aucun message; on apprend quelques jours plus tard qu'il a contre toute attente survécu à la crise et qu'il "quitte le monde pour se retirer à l'Oratoire" (p.566). Ses amis apprécient diversement cette péripétie imprévue; comme l'apologie se prête mal aux succès mitigés, ils reçoivent au moment où ils en discutent une visite impresionnante:

> Comme si le ciel eût pris soin lui-même de ménager les circonstances, on m'avertit presque au même instant qu'un ecclésiastique demandait à me voir de la part de Monsieur de Tréville. (p.566)

Peu importe apparemment que le visiteur leur apprend d'abord que son pénitent, qui connaît les horaires de ces dîners d'athées, avait lui-même "ménagé les circonstances". La conversion *in articulo mortis* et le rétablissement inespéré font de toute évidence un "miracle", dont le bénéficiaire, son confesseur -et le narrateur- "souhait(ent) que l'effet pût s'étendre" (p.568) au plus loin.

Une autre coïncidence semble, sur le plan humain, toute fortuite. On sait comment, pour des raisons où il serait délicat de faire la part de l'opportunisme et de la conviction, le propos édifiant de *Cleveland* rejoint plus particulièrement une spiritualité jésuite. L'apologie s'ingénie à justifier le zèle de la Société, soupçonnée depuis les *Provinciales* de s'adonner à des ambitions trop mondaines. Prévost commence par abonder dans le sens de ses détracteurs en mettant un scène un jésuite particulièrement peu scrupuleux. Quand l'intrigant devient lui-même la victime de ses menées, il s'inquiète surtout, sur son lit de mort, du tort que leur révélation risque de faire à sa Société. Amende honorable probante entre toutes; Cleveland, comme par hasard, se trouve assister à la visite du confesseur chargé de la transmettre au supérieur du défunt:

> Comme si ce jour eût été marqué par le ciel pour effacer dans mon esprit toutes les traces du passé, au moment qu'il me conduisait à mon carrosse, un ecclésiastique qui était à l'attendre, et qui s'était informé qui j'étais en me voyant avec lui, s'approcha de nous avec des marques particulières de

> surprise et de joie (...). Une réparation de cette nature, dans la bouche d'un homme mourant, me paraissait la plus glorieuse apologie qu'il pût désirer pour son ordre. Un coupable, ajoutai-je, qui prend le tort qu'il vous a fait pour mesure de ses plus cuisants remords, me doit donner une haute idée de votre innocence et de votre vertu. (p.528)

Le supérieur, à ce moment, vient d'expliquer que sa Société se prête *ad majorem dei gloriam* à tous projets profanes susceptibles d'étayer son succès pastoral. Les brocards à ce sujet seraient le fait de concurrents jaloux, battus plus souvent qu'à leur tour sur leurs propres terrains mondains: les Pères y bénéficient de "l'assistance du Ciel, qui ne manque point à des entreprises formées pour sa gloire" (p.527).

Le Ciel tend aussi à assister la morale; "le secours de la Providence ne saurait manquer à l'innocence et à la vertu" (p.219). L'idée revient à plusieurs reprises comme un acte de foi ou comme un ultime espoir; comme le narrateur et les siens se croient éminemment vertueux et qu'ils se trouvent exposés aux pires catastrophes, ils se rabattent parfois sur la conviction minimale que "le secours du Ciel (...) n'abandonne jamais *entièrement* l'innocence" (p.32)[4]. Du moins ne manque-t-il guère à l'appel quand il s'agit de sauver, à la dernière minute, une vertu compromise[5]. Quand Cleveland et Cecile, qui ignorent encore leur parenté, frôlent l'irréparable, un mot innocent de la jeune fille, où elle ne met aucune intention particulière, rappelle son amant à ses devoirs; le narrateur commente:

> J'ignore encore si ce fut en faveur de Cecile ou de moi qu'il plut au ciel de me secourir par le plus inespéré de tous les miracles. (p.328)

Le miracle se prolonge de façon moins sensationnelle pendant les jours qui suivent. Cleveland entreprend alors de faire casser son premier mariage pour épouser Cecile -et se heurte à de fort opportunes lenteurs administratives:

---

[4] Je souligne.

[5] Rappelons qu'il en va toujours de même dans les dernières pages de *La nouvelle Héloïse*. Julie, sur son lit de mort, écrit à Saint Preux: "Tout est changé, mon bon ami; souffrons ce changement sans murmure; il vient d'une main plus sage que nous. Nous songions à nous réunir; cette réunion n'était pas bonne. C'est un bienfait du Ciel de l'avoir prévenue; sans doute il prévient des malheurs" (Rousseau, *Oeuvres II*, p.740)

Ce fut sans doute le Ciel qui prit soin d'arrêter cet aveugle projet, dans un temps où il ne paraissait plus que rien ne pût s'opposer à l'exécution. (p.350)

Quelques mois après la réconciliation avec Fanny, Cleveland se voit exposé à une tentation plus commune. Quand, un soir, il a du mal à se dérober aux avances d'une aventurière très prodigue de ses charmes, l'arrivée inattendue d'un importun coupe court à la tentation:

> Le Ciel permit, pour confirmer mes forces, que Dom Thaddeo se fit entendre dans la chambre qui touchait au cabinet. (p.536)

S'agissant de la Providence, le narrateur retrouve ainsi bien des inflexions coutumières d'un langage familier. Il lui vient aussi des formules qui juxtaposent les causes surnaturelle et humaine ou qui hésitent entre les deux. Cela ne fait toujours pas des accents très neufs. La tradition admettait, quitte à raffiner sur le détail des intrications, que le Ciel agit volontiers par le biais de causes secondes. Egaré dans ses souterrains, le jeune Cleveland est sauvé par la rencontre inopinée de Milord Axminster; il 'partage' de suite sa reconnaissance:

> Je partageai d'abord mes actions de grâces entre le ciel, qui était sans doute le premier auteur de ma délivrance, et l'instrument qu'il lui avait plu d'employer. (p.38)

Bénéficiant à son tour d'un sauvetage de dernière minute, Bridge se montre d'abord moins bon théologien et se croit obligé de choisir:

> J'ignore si c'est naturellement ou par un secours miraculeux du ciel que je vis ouvrir tout d'un coup une voie d'espérance au milieu d'un état si déplorable. (p.99)

Au moment du succès, il réussit plus élégamment à remercier à la fois ses sauveurs et le ciel:

> Quoique je me crusse fort redevable à leur industrie et à leur zèle, il est clair que cette entreprise n'avait réussi que par une protection particulière du ciel. (p.102)

Les desseins du Ciel

Ses sauveurs, qui le prennent aussitôt en charge, réussissent d'emblée à combiner les rôles: "laissez au ciel et à nous le soin de vous rendre heureux" (p.102). Il est vrai qu'ils font partie d'une colonie d'huguenots réfugiés, où la culture théologique doit être des plus sûres...

Le partage entre les causalités surnaturelle et anecdotique est affaire d'appréciation et de dosage. On s'étonne donc peu que ces formules balancées concernent surtout des événements fastes, que les bénéficiaires savourent *à loisir*. Cleveland, après le malentendu qui les sépare, reste longtemps insensible aux premiers indices de l'innocence de Fanny; quand il commence enfin à se sentir ébranlé, son premier doute appelle deux explications:

> Soit que le premier mouvement d'une personne aussi désintéressée que Mme Lallin fit sur moi des impressions moins suspectes, soit que le ciel, touché de mes peines, eut marqué ce moment pour les finir, je considérai ce que je venais de me rappeler sous une face toute différente. (p.439)

La même alternative revient au moment des retrouvailles définitives:

> Soit que les réflexions mélancoliques d'où je sortais eussent calmé le tumulte de mes esprits soit que le ciel eût voulu m'épargner des agitations inutiles, je vis ouvrir la portière du carrosse sans cet excès d'émotion auquel je m'étais moi-même attendu. (p.494)

Le narrateur ne choisit pas entre ces deux éventualités, qui s'excluent à peine. Là aussi, il prolonge une très vieille aisance: il soulève en passant un problème pour lequel il sait de reste qu'il existe, sous la plume des théologiens, toute une série de solutions toutes faites.

Le souci de soi
    Le Ciel, ainsi, continue à agir où l'on avait accoutumé de le reconnaître. Le narrateur lui découvre pourtant aussi des cheminements plus insolites. Les plus curieux concernent des moments de détresse où, sans y rémédier, il adoucit ou tempère les chagrins. Jupiter, on s'en souvient, aimait aveugler ceux qu'il voulait perdre; le Ciel, ici, aveuglerait plutôt ceux qu'il aime. Délicatesse surprenante puisque le Tout-Puissant, tant qu'à s'y mettre, pourrait aussi bien éloigner tout péril; il se contente étrangement d'éviter à ses protégés les perspectives les plus angoissantes. Egaré dans ses souterrains, Cleveland, on vient de le voir, y est sauvé par la rencontre de Milord Axminster; le Ciel lui avait épargné d'abord les pires angoisses en l'endormant:

> Je ne passai guère moins de vingt-quatre heures dans cette situation; et ce qu'il y a de plus surprenant, j'en employai une partie à dormir d'un sommeil tranquille. Un pouvoir plus réel que la fortune veillait pendant ce temps-là à ma conservation: ce fut lui, sans doute, qui me fit tomber ainsi dans l'assoupissement du sommeil pour prévenir les funestes idées dont je n'aurais peut-être pas été capable de me défendre jusqu'à la fin. (p.37)

La référence à "un pouvoir plus réel que la fortune" indique que le narrateur, cette fois, ne parle pas au hasard; ce sommeil semble en outre complètement inutile à l'intrigue, où rien n'obligeait à différer la venue du sauveur...
    Encore cet 'assoupissement' suspend-il l'ensemble du danger. D'autres bontés se montrent plus sélectives. A l'étape la plus dangereuse de son odyssée américaine, Cleveland observe que "la Providence" le "ménag(e) du moins par l'endroit le plus sensible en conservant la santé de (s)a chère épouse" (p.232). Le narrateur et les siens sont alors prisonniers d'une tribu d'anthropophages, qui préfèrent heureusement les vendre comme esclaves à des colons espagnols. Cleveland s'avise seulement au sortir de sa captivité que les choses auraient été bien pires si on l'avait reconnu. Il s'était trouvé quelques mois auparavant à la tête d'une tribu plus pacifique, qu'il avait su rendre formidable à ses dangereux voisins. La bande qui le capture est composée de ses anciens vaincus:

> En rappelant les frayeurs horribles qu'ils m'avaient causées, je fis pour la première fois une réflexion qui les eût augmentées si je l'eusse faite plutôt. A quel funeste traitement aurais-je dû m'attendre de la part de cette affreuse nation, si quelqu'un d'entre eux m'eût soupçonné d'avoir été l'instrument de leur ruine (....)? Le Ciel, qui ne voulait point ma perte

Les desseins du Ciel

absolue, leur ôta sans doute cette pensée. (p.233)

L'épidémie qui décime la colonie rocheloise de Ste Hélène garde elle aussi des ménagements avisés. Bridge et ses deux compagnons, qui en avaient été exilés, craignent à leur retour d'avoir perdu leurs jeunes épouses; la mort, heureusement, s'est montré judicieuse:

> A peine osèrent-ils s'informer si leurs épouses étaient du malheureux nombre de ceux qui avaient péri. Le tendre Bridge craignait cet éclaircissement comme l'arrêt de sa mort. Il se trouva néanmoins, par une favorable disposition du ciel, que la plus grande perte tomba sur celui qui était le plus capable de la supporter. Je veux dire que Gelin fût le seul qui eût perdu son épouse. (p.255)

La survie de l'épouse de Bridge comme le veuvage de Gelin correspondent à des opportunités évidentes de l'intrigue; il ne s'imposait pas de les motiver, l'épidémie aurait pu jouer son rôle immémorial de Providence des romanciers en amenant au hasard la combinaison voulue. Le narrateur saisit l'occasion pour saluer une attention délicate de la vraie Providence...

Mme Riding, pour en finir sur cet exemple, a droit pour sa part à deux ménagements à la fois. Egarée à son tour dans les déserts de l'Amérique, elle n'a d'autre ressource que d'aller droit devant elle dans l'espoir d'atteindre quelque habitation ou de se rapprocher au moins de l'Océan. Le Ciel la préserve de jamais rencontrer des bêtes sauvages et d'avoir peur de cette éventualité:

> Un bonheur dont je ne puis trop remercier le ciel, et qui m'a pénétrée mille fois d'étonnement, c'est qu'au milieu d'un désert qui est la retraite des bêtes les plus farouches, il ne me soit jamais arrivé d'en trouver une qui ait pu me causer de l'épouvante; et par une autre faveur dont je ne ressentis pas moins le prix, mon imagination, comme fermée à toutes sortes de craintes, ne se représenta pas même ce qui aurait été capable de l'alarmer. (p.542)

Comment comprendre ces ménagements? Un romancier ne saurait guère vouloir, avant sa dernière page, la "perte absolue" de son protagoniste; cela n'explique toujours pas pourquoi nos personnages tiennent à plusieurs reprises à remercier le Ciel de leur avoir évité au moins, fût-ce au prix d'une fausse sécuri-

Le souci de soi

té inconsciente des pires dangers, les extrêmes angoisses[6].

L'intérêt porté à ces petits soins rejoint, je crois, une manière de déplacement global, que Prévost partageait avec son époque. La Providence des théologiens et des prédicateurs était souvent louée d'une sollicitude qui s'étendait aux plus humbles: "aux petits des oiseaux Il donne leur pâture..."[7]. Son vrai rôle n'était pourtant guère là puisqu'on n'imaginait pas que Dieu devait vraiment s'inquiéter à ce point du confort de ses créatures. Dans la vieille France comme au large de toutes les Chrétientés, le dogme de la Providence était le plus souvent prêché comme un mystère. Le *Sermon sur la Providence* du *Carême du Louvre* (1662) commence bien par louer une Sagesse

> qui, enfermant dans son ordre l'universalité des choses humaines, ne dispose pas avec moins d'égards les accidents inégaux qui mêlent la vie des particuliers que ces grands et mémorables événements qui décident de la fortune des empires. [8]

La suite s'attarde peu à ces "égards" pour les "particuliers". Bossuet rappelle surtout que l'inégale distribution des biens et des maux ici-bas atteste une justice à venir. Les félicités terrestres comportent leurs tentations, les malheurs permettent au contraire de faire preuve de patience. Il s'agit dans les deux cas de bien et de maux relatifs, "qui dépendent de l'usage que nous en faisons"[9]. Cette équivalence fondamentale explique alors de reste que,

> pour ce qui regarde les biens et les maux mêlés, (Dieu) les donne indifféremment aux uns et aux autres.[10]

Cleveland hérite à sa manière de ce modèle. Les épreuves traversées y semblent finalement justifiées par les félicités qui les suivent. La différence serait

---

[6] Signalons au passage que le texte vient au moins une fois à attribuer un ménagement analogue à la fortune: "En s'occupant de la trahison dont j'étais menacé, (la fortune) préparait du moins mon coeur à recevoir ses coups, car il eût été beaucoup plus terrible encore qu'elle m'eût surpris dans quelque épanchement de tendresse et de joie" (p.582). Le hapax prouve sans doute surtout que le lexique de Prévost reste, en ce domaine, assez flottant.
[7] Racine, *Athalie*, v.647.
[8] Bossuet, *Oeuvres*, p.1060.
[9] *Ib.*, p.1066.
[10] *Ib.*.

Les desseins du Ciel

qu'on n'accepte plus d'attendre l'au-delà. Les récompenses finales se doivent désormais d'être elles aussi terrestres, elles ne font qu'un avec le dénouement heureux. Fanny, au moment où les retrouvailles avec Mme Riding se surajoutent à la perspective désormais très proche de sa réconciliation avec Cleveland, s'écrie:

> Est-il donc vrai que le ciel se dispose à finir mes peines? Après m'avoir exercée par tant de douleurs et d'amertumes, se prépare-t-il à m'accorder toutes les faveurs à la fois? (p.445)

Les exercices spirituels de la tradition se montraient généralement moins impatients.

L'au-delà n'est bien sûr pas tout à fait absent du roman. Il semblerait pourtant que le coeur n'y est plus et que les personnages s'intéressent pour de bon au seul ici-bas. A l'article de la mort au lendemain d'un viol, Milady Axminster s'inquiète des sentiments de son mari; souci naturel puisque bien des apparences étaient contre elle. Il est plus surprenant que son salut paraît dépendre de son entente conjugale:

> Je sens la mort qui s'approche (...) et je ne demande point au ciel qu'il la diffère; mais s'il faut mourir sans être aimée de vous, il faut donc renoncer à toute espérance de bonheur dans une autre vie, car ce n'est point par un horrible désespoir que la félicité peut commencer. (p.49)

Le propos est *presque* sacrilège; l'agonisante est bien près de dire que la débâcle conjugale la rendrait insensible au "bonheur" qu'on peut goûter "dans une autre vie". Encore s'inquiète-t-on de l'"horrible désespoir" que cette débâcle appelle ici si naturellement: dans son acception théologique précise, le "désespoir" est un péché mortel, voire le seul péché pour lequel il n'y aurait pas de rémission...

Axminster meurt, des années plus tard et après bien d'autres souffrances encore, dans un bourg perdu de la Floride; il y est rejoint à la dernière minute par Cleveland et Fanny, qui s'étaient égarés longuement de leur côté. Le moribond commence par une plainte:

> Je vous laisse peut-être en héritage la haine du ciel, qui ne s'est point lassée de me poursuivre et qui va sans doute s'attacher désormais sur vous? O Dieu! Comment puis-je espérer d'être tranquille après ma mort, s'il faut que j'emporte cette triste pensée en expirant?

Voici donc la terre encore une fois admise à compromettre la béatitude céleste; un vrai dévot devrait espérer -ou du moins admettre- que les épreuves à venir rapprocheraient à leur tour ses enfants de la suprême récompense. Axminster préfère une perspective plus immédiate:

> Mais, reprit-il en s'interrompant lui-même, pourquoi me tourmenter ainsi volontairement? N'est-il pas naturel au contraire que j'explique favorablement notre rencontre inespérée (...)? Le ciel n'est point trompeur, il commence à me traiter en ami. J'en veux tirer un augure favorable, pour vous, mes chers enfants, et pour moi-même.

Le narrateur conclut amèrement que l'"augure" ne valait sans doute que pour le défunt:

> Ses malheureux enfants n'étaient point compris dans la sentence qui finissait ses peines et qui l'appelait au bonheur. (p.240)

La soumission érodée
Parvenu à ce point, le lecteur se demande sans doute s'il valait vraiment la peine de faire tant de détours. On savait depuis quelque temps que le XVIIIème siècle tendait à préférer le bonheur au salut. Le "bonheur" qui attend Milord Axminster agonisant ne fait bien sûr qu'un avec son salut; l'amère conclusion préfère le premier terme pour mieux exclure les "malheureux enfants" de ce qu'elle promet à leur père mourant. On s'étonne seulement de la radicalité du propos: le narrateur aurait pu indiquer d'un mot que les tribulations qui restent à raconter ne l'empêchaient toujours pas, parvenu à son tour au soir de la vie, d'espérer le ciel. Tout se passe comme si ce converti, un bref moment, ne s'intéressait lui aussi qu'à sa destinée terrestre.

Il est vrai que le romanesque, depuis bien du temps déjà, se cantonnait aux soucis profanes. Prévost, tout ambitieux et édifiant qu'il se voulût, n'aura même pas imaginé d'enrichir *Cleveland* d'un copieux détail eschatologique. Il suffisait d'amener les personnages à une perspective chrétienne sur les choses de l'ici-bas, qui les porte entre autres à y reconnaître volontiers les desseins du Ciel. Reste que, du point de vue de la tradition que Prévost se donne pour tâche de prolonger, il n'avait jamais suffi de reconnaître simplement cet impact. Le dogme de la Providence tel qu'il était prêché sous l'Ancien Régime comportait, comme tout autre article de foi, sa contrepartie morale, il impliquait une ligne de conduite. Face à ce Dieu qui "donn(ait) indifféremment aux uns et aux autres" les biens et les maux mêlés qui font la trame de ce bas monde, les prédicateurs

Les desseins du Ciel

n'appelaient pas tellement à la confiance ou à la gratitude. Leurs ouailles étaient plutôt invitées à révérer la Providence en s'y soumettant sans murmure. Ecoutons encore Bossuet:

> Il nous importe peu, Chrétiens, de connaître par quelle sagesse nous sommes régis, si nous n'apprenons aussi à nous conformer à l'ordre de ses conseils. S'il y a de l'art à bien gouverner, il y en a aussi à bien obéir.[11]

Prévost s'efforce donc de faire 'obéir' ses personnages. Bridge, quand il se croit condamné à mort, passe ses dernières heures à "ramener (s)on esprit à la soumission aux ordres du ciel"; si "jamais on ne ressentit de mouvements si semblables au dernier désespoir" (p.154), il réussit toujours à côtoyer ce péché sans y tomber. Cleveland se dit "accoutumé à (...) ressentir les plus tristes effets (des "desseins" de la "Justice éternelle") sans oser les approfondir et sans en murmurer" (p.205). Fanny admet de même, ajoutant une modestie de plus, qu'il

> n'appartient pas sans doute à une femme sans forces et sans lumières d'approfondir les vues d'une justice éternelle. (p.396)

Mme Henriette, en qualité de princesse du sang, ne doit pas se montrer si humble; elle se soumet donc avec une discrétion toute classique[12]:

> Je meurs, me dit-elle d'une voix basse. Les vues du Ciel sont impénétrables et je dois les adorer. (p.437)

Ces propos impeccables se montrent exemplairement avertis de la tentation du murmure et évitent scrupuleusement d'y succomber. Les partages ne sont pas toujours aussi nets. Prévost devait à son dessein édifiant de multiplier les protestations dévotes; prises au pied de la lettre, beaucoup risquent de prouver surtout qu'il n'avait plus vraiment le sens de la soumission. Au plus amer de sa nuit obscure, Bridge, un moment, est bien près de céder au "dernier désespoir":

---

[11] *Ib.*, p.1060-61.

[12] On se souvient que Bossuet insistait lui aussi sur cette belle discrétion: "Madame fut douce envers la mort comme elle l'était envers tout le monde. Son grand coeur ni ne s'aigrit ni ne s'emporta contre elle. Elle ne la brava non plus avec fierté, contente de l'envisager sans émotion, et de la recevoir sans trouble" (*Oeuvres*, p.92).

La soumission érodée

> Où prendre des motifs de patience contre les plus cruels de tous les maux, lorsqu'on a sujet d'en accuser également la rigueur du ciel et la volonté des hommes? (p.154)

Il aurait dû suffire, en bonne orthodoxie, qu'il reconnût dans ses "maux" la "rigueur du ciel" pour trouver là le plus décisif des "motifs de patience".

Les protestations dévotes, en ces parages, impliquent en tant que telles un moment de protestation tout court. Il faut bien que la tentation se profile pour qu'on puisse la surmonter. Il arrive que tels paragraphes semblent oublier le second temps. Axminster, quand il apprend la catastrophe de sa femme violée par un séide de Cromwell, passe des récriminations à un état plus calme sans ébaucher le moindre repentir:

> Dieu terrible! m'écriai-je, comment conserver du respect pour tes volontés, lorsqu'on n'en aperçoit pas la justice et qu'on en éprouve des effets si sanglants et si funestes! J'ajoutai mille choses avec la même violence; mais la tendresse de mon coeur adoucissant peu à peu ce transport, mes yeux se couvrirent de larmes. Je ne fis plus que pleurer et pousser des soupirs. (p.49)

Cleveland lui-même se permet une prière fort peu respectueuse sans vraiment la corriger:

> O Dieu! m'écriai-je mille fois, est-ce le désespoir qui vous honore? Si c'est par bonté que vous formez vos ouvrages, comment prenez-vous plaisir à les détruire? Que voulez-vous que je devienne? Que ferez-vous de Mylord, de ma malheureuse épouse et de ma fille? Qu'ai-je donc gagné à vous invoquer si vous n'écoutez jamais mes prières? O Dieu! écoutez-moi et prenez pitié de vos malheureuses créatures. Cependant après avoir passé quelque temps dans ces agitations, je recueillis tous mes esprits pour tirer des circonstances de notre misère les faibles ressources que j'y pourrais apercevoir. (p.223)

On s'en voudrait de trop peser sur pareils passages, qui pourraient dédaigner simplement de compléter un scénario familier. A la rigueur, le seul retour à l'imploration traditionnelle -'écoutez-moi et prenez pitié'- vaudrait d'ailleurs à sa manière un repentir. Aussi leur véritable intérêt n'est-il pas tellement d'isoler une révolte. L'imprécation tragique se pratiquait de toute manière depuis au

Les desseins du Ciel

moins Euripide -et pourrait signifier ici qu'à ces stades du récit, Axminster et Cleveland restent encore très en-deçà de leur conversion définitive. Je suggérerais plus volontiers que ces mouvements au premier regard incomplets, qui retrouvent une assiette plus modérée sans s'excuser de rien, parachèvent une autre dérive, qui se profile aussi sous bien des notations d'allure dévote.

Il se trouve en effet que Prévost, aux moments où il se réfère au Ciel, semble apprécier beaucoup plus le bénéfice psychologique de la (relative) tranquillité dans le malheur que son mérite proprement spirituel. Les oeuvres de patience avaient été un acte d'adoration; cette déférence dévote s'efface ici devant le souci de soi ou de tel proche aimé. Cleveland se félicite à plusieurs reprises d'une constance qui serait une grâce directe. Quand elle lui permet, au cours de l'odyssée américaine, d'oublier ses propres chagrins pour s'intéresser efficacement à ceux de Fanny, cette efficace vaut bien un miracle:

> Il n'y avait qu'un secours extraordinaire du Ciel qui pût m'inspirer la fermeté dont j'avais besoin pour arrêter ainsi le désespoir de mon épouse. (p.231)

Après l'abandon de Fanny, Cleveland a droit à une aide plus personnelle:

> Je n'avais donc, pour me soutenir contre le poison qui me rongeait le coeur, que le secours invisible du ciel et la force mon tempérament. (p.276)

Mme Riding bénéficie du même "secours" quand elle se trouve seule au désert:

> Ayant reconnu que le désespoir n'était propre qu'à précipiter tous les maux qui me menaçaient, je m'armai d'une constance que je croirais impossible dans la même extrémité si elle n'était immédiatement l'ouvrage du ciel. (p.539)

Ces remèdes immédiats viennent aussi à s'administrer de façon plus mesurée. Mal rétabli d'une tentative d'assassinat, Cleveland bénéficie le quatrième jour d'un regain de santé. Le hasard physiologique ou médical pourrait charrier une intention bienveillante:

> Je me sentis néanmoins plus de force (....) soit que l'appareil qu'on venait de renouveler sur mes blessures eût un peu rafraîchi mon sang, soit que la pitié du ciel qui prévoyait la nouvelle scène de tourments et de

La soumission érodée

douleurs à laquelle je touchais, voulut ranimer ce qui me restait de vie et de chaleur pour me rendre capable de la supporter. (p.370)

Que le Ciel fournisse lui-même de quoi aider ses dévots à prononcer leur *fiat voluntas tua*, il faudrait tout ignorer des théologies de la grâce pour s'en étonner. On savait que le Père donne volontiers ce qu'il exige. Cleveland prie après bien d'autres pour obtenir les forces nécessaires:

> Ne m'exposez point à des maux qui surpassent la médiocre portion de force que vous m'avez accordée. Je sais que j'ai reçu de vous de la droiture et de la raison; j'espère vous en rendre un compte fidèle. Si j'ai besoin de quelque chose au-delà, c'est de vous encore qu'il faut que je le tienne et je vous le demande. (p.61)

L'accent dévot semble cette fois parfait; la prière oublie seulement de faire hommage au ciel de la constance supplémentaire qu'elle lui demande. Nuance infime, mais qui engage un monde: Cleveland se soucie de tenir le coup, mais ne s'inquiète plus vraiment de se conformer à un devoir de patience. La capacité de supporter les "maux" qui lui arrivent figurerait plutôt un droit élémentaire, une manière de postulation minimale de la nouvelle demande de bonheur.

Dirons-nous qu'elle semble désormais assez légitime pour que le Ciel daigne s'en préoccuper directement? La chose n'aurait rien d'inconcevable à une époque où les naturalistes, de leur côté, s'extasient volontiers devant le confort et les opportunités infinies du monde. L'abbé Pluche et ses émules n'en finissent pas de détailler la bonté providente d'un Créateur soucieux, jusque dans les plus exquises minuties, du bien-être de ses créatures. Un roman qui irait jusque-là ne manquerait pas de devenir bien fade -et Prévost, de toute évidence, ne lésine pas sur les catastrophes.

La vérité vraie risque d'être plus humble. *Cleveland* propose une intrigue qui reste à quelques épisodes près toute profane. La Providence, quel que fût le zèle apologétique du romancier, ne pouvait guère y intervenir que comme une direction suprême du cours des choses. Prévost indique donc fort régulièrement cet arrière-plan ultime et tâche, à chaque fois qu'il en parle, de retrouver le vieux binome de la Volonté divine et de la soumission; il l'infléchit insensiblement, sans penser à mal ni même à rien de particulier, dans un sens assez impropre. Le Ciel, ici, donne des forces ou aménage des aveuglements; comme les unes et les autres évitent ou interrompent des désespoirs et des plaintes indiscrètes, le résultat ressemble assez à l'ancienne soumission pour paraître dûment édifiant. Il faut soupeser ces prodiges de bien près pour s'apercevoir qu'ils dispensent en fait

Les desseins du Ciel

leurs bénéficiaires de tout effort de soumission. Prévost essaie de prolonger un très vieux langage; ses efforts laborieux prouvent que l'art d'obéir dont parlait Bossuet lui est devenu foncièrement étranger. Ne l'intéresse en profondeur que le bien-être de ses personnages, ou, à défaut, leur moindre mal.

Prévost salue les desseins du Ciel sans tout à fait s'y intéresser. Il arrive même que le romancier se laisse aller à souligner la stéréotypie d'un tel recours, qu'il invoque alors comme un pis-aller un peu dérisoire. A Sainte-Hélène, Bridge et ses compagnons ne réussissent pas à deviner les noirs projets du pasteur de la colonie, qui se trouve être leur principal adversaire. Force est d'attendre et de voir venir:

> La difficulté que nous trouvâmes à pénétrer dans ses desseins nous obligea de recourir à la consolation ordinaire des malheureux, c'est-à-dire à la patience et à l'invocation du secours du ciel. (p.144)

Cleveland lui-même, quand il s'efforce une fois de plus de rassurer Fanny, regrette un jour de devoir se contenter d'un réconfort si maigre:

> J'étais obligé de me réduire à des motifs généraux de consolation, que je tirais de la volonté du ciel et de la nécessité où nous étions de suivre le malheureux cours d'une fortune qu'il n'était point en notre pouvoir de changer. (p.233)

Pareilles formules font presque toucher du doigt la lassitude d'un romancier acharné à défendre une cause déjà bien souvent défendue et qui commence, sans qu'il s'en rende tout à fait compte, à devenir secrètement étrangère à son propos. La vieille certitude, pour un peu, serait en voie de devenir une idéologie[13].

Les idéologies, on le sait, sont plus bavardes que les certitudes. On conçoit donc que le registre dévot, d'autant plus envahissant qu'il devient moins évident,

---

[13] Le glissement s'inscrit presque en toutes lettres dans ce paragraphe de la *Troisième Partie* de *La vie de Marianne* (1735): "Les saintes et pieuses consolations qu(e le père Saint-Vincent) venait de me donner me rendaient mon état encore plus effrayant qu'il ne me l'avait paru; c'est que je n'étais pas assez dévote, et qu'une âme de dix-huit ans croit tout perdu, tout désespéré quand on lui dit en pareil cas qu'il n'y a plus que Dieu qui lui reste. C'est une idée grave et sérieuse, qui effarouche sa petite confiance. A cet âge, on ne se fie guère qu'à ce qu'on voit, on ne connaît guère que les choses de la terre" (*Vie*, p.145).

La soumission érodée

occulte peu ou prou les nouvelles postures qui succèderont à la vieille soumission. Je les reconnaîtrais le plus volontiers dans une ultime récrimination, qui intervient une seule fois à la toute fin du roman. Cecile, à ce moment, dépérit auprès de Cleveland et de Fanny enfin réunis et refuse longtemps, malgré bien des insistances affectueuses, de s'expliquer sur ses chagrins. Quand elle passe enfin aux aveux, la jeune fille, qui fera quelques semaines plus tard une fin très édifiante, est bien près d'accuser le ciel:

> Est-il possible, disais-je, que le ciel qui m'a faite telle que je suis par le coeur n'ait rien produit qui me ressemble, ou qu'il n'ait mis ce qui s'accorde avec mes inclinations que dans le seul homme du monde à qui il me fait un crime d'accorder mon coeur? (p.607)

Voici le Créateur responsable des exigences les plus profondes de ses créatures et du coup tenu de leur fournir de quoi les satisfaire; les temps sont loin où la poterie, selon la forte image d'Isaïe[14], ne s'avisait pas de protester contre son potier! Cecile est trop pieuse pour aller jusqu'au reproche. Sa question se contente de pointer une impossibilité morale, que sa destinée aura malheureusement réalisée. Destinée certes très particulière: il a fallu des incognito et des coïncidences bien invraisemblables pour que Cleveland bénéficie des premiers émois amoureux de Cecile et continue, pour le malheur de tout le monde, à lui paraître incomparable. N'empêche que le cas extraordinaire paraît horrible de contrevenir à une norme que Bossuet ignorait superbement. Cecile se sent le droit de rencontrer un partenaire "qui (lui) ressemble", elle s'étonne que le ciel

> sembl(e la) condamner à porter toute (s)a vie, au fond de (s)on coeur, un penchant qu'il (lui ôte) le moyen de satisfaire. (p.608)

C'est dire que la soumission, ici, n'est pas seulement érodée par une simple préférence pour les bonheurs élémentaires de la terre, préférence que le genre romanesque, du fait même qu'il se contentait le plus souvent d'un délassement sans trop de prétentions, pratiquait en fait depuis toujours. L'exigence secrète de *Cleveland* est plus ambitieuse: elle consiste à réclamer une satisfaction *personnelle*.

---

[14] Cf. *Isaïe* 39:16, paraphrasé dans *Rom* 9:20.

Bridge devant Cromwell

La débâcle des utopies

Le roman, en règle générale, s'intéresse à quelques destinées particulières et ne comporte pas forcément une perspective d'ensemble sur la scène sociale. La plupart des épisodes de *Cleveland* figurent donc autant d'étapes dans l'évolution personnelle du protagoniste, lui-même nettement plus porté à s'attarder à ses émois et à ceux de ses proches qu'à la diversité des milieux qu'il traverse. Il y a là une priorité qui, sans être à proprement parler inévitable, correspond à une pratique courante. *Cleveland* se singulariserait plutôt parce que Prévost a choisi d'y introduire trois épisodes qui se départent de cette étroitesse quasi constitutive du genre. Des personnages, à trois reprises, y viennent à séjourner pour une période plus ou moins longue chez des peuples inconnus, qui manquent pour cause sur toutes les cartes.

La présence de pareils épisodes n'a en tant que telle rien de surprenant. Les trois sociétés décrites sont, chacune à sa façon, exemplaires; Prévost y va de trois utopies. Le genre, on s'en souvient, était né dans le sillage des grandes découvertes et notamment de la très abondante moisson en relations de voyage qui en était résultée. Le texte fondateur de Thomas More s'inspirait déjà du succès, à ce moment tout récent, des premières publications, dues à Améric Vespucci, sur le Nouveau Monde auquel il allait donner son nom. *Cleveland* retrouve les mêmes sillages. L'intrigue, du moins dans la première moitié du roman, se déroule au grand large, un grand large qui, dans ce premier tiers du XVIIIème siècle, restait assez inexploré pour qu'on pût encore, sans invraisemblance trop criante, y découvrir des cités inconnues. Prévost les aura découvertes d'autant plus volontiers qu'elles étoffaient l'ambition "philosophique"[1] de son roman: le projet rationnel d'une société idéale et la critique des désordres établis faisaient un passage obligé de toute réflexion qui se voulait éclairée.

Ces projets et ces critiques ne manquent pas et nous en reprendrons chemin faisant l'inventaire. Ils s'inscrivent ici dans une dérive globale que le genre utopique appelait beaucoup moins, qui, pour un peu, serait même son exact contraire. Toute utopie présuppose, en-deçà de ses programmes concrets, un acte de foi premier en la sociabilité. Les cités idéales n'auraient jamais lieu, ne seraient pas seulement envisageables si l'on n'admettait d'abord que les hommes sont naturellement portés à rester ensemble, que leur aventure est essentielle-

---

[1] Cf. à ce sujet Jean Sgard, 'Trois Philosophes de 1734: Marivaux, Prévost et Voltaire' in *Vingt études sur Prévost d'Exiles*, pp.63-73.

ment collective. Les trois utopies de Prévost donnent à penser qu'à l'orée du XVIIIème siècle cela n'est plus tout à fait évident.

L'utopie rocheloise

Le premier de ces épisodes remplit l'essentiel de la plus longue histoire intercalée du roman, une histoire à ce point démesurée que Prévost, par un scrupule rare pour ce type de tiroirs, a soin de préciser que son narrateur premier ne la transcrit pas de mémoire. Bridge raconte ses aventures au moment de leurs retrouvailles au fond de la mer australe; il les aurait ensuite détaillées par écrit. Cleveland narrateur, du coup, n'avait qu'à intégrer ce copieux fragment à son propre récit.

Bridge raconte d'abord comment il avait imprudemment et au mépris de bien des conseils escompté la bienveillance paternelle de Cromwell. Le tyran s'était au contraire empressé de l'éloigner en l'ajoutant à une bande de malfaiteurs condamnés à une émigration forcée. Il s'agissait d'aller coloniser une île lointaine et particulièrement inhospitalière, l'exil revenait à une condamnation à mort qui ne disait pas son nom. Pendant la traversée, Bridge est accosté par une passagère qui lui offre, s'il veut bien risquer sa vie pour se sauver du navire, de l'amener dans une île inconnue où "une société de gens aimables et vertueux" (p.106) s'empresserait de l'adopter. Le lecteur du XVIIIème siècle aura reconnu un dispositif familier. Bien des utopies avaient surgi des flots comme un sauvetage inespéré au terme d'une errance périlleuse. La critique y a reconnu volontiers des schémas initiatiques, des épreuves mortelles indispensables pour pouvoir renaître dans un nouveau monde; ce symbolisme n'est peut-être pas évident puisqu'il fallait de toute manière des circonstances contraignantes pour détourner les découvreurs des utopies des routes communes. Prévost, en l'occurrence, reste assez près d'une telle route. Nous sommes dans les environs de Sainte-Hélène, lieu fréquenté s'il en est puisque sa position géographique en faisait une escale fort opportune:

> Elle est située favorablement pour les vaisseaux qui ont fait le tour de l'Afrique en revenant des Indes Orientales, et pour ceux qui retournent en Europe des parties les plus méridionales de l'Amérique: elle se trouve sur leur passage et elle peut leur donner toutes sortes de rafraîchissements. C'est ce qui lui a fait donner le nom d'Hotellerie de la Mer. (pp.160-61)

Bridge se trouve donc recueilli dans une petite île proche de Ste-Hélène; son sauvetage ne le soustrait à aucune tempête, mais à la terrible vindicte de son père et à la surveillance de ses géôliers. Il serait tentant de reconnaître là un déplace-

L'utopie rocheloise

ment, le soupçon que les gênes, ici, viendraient moins des dangers élémentaires de la mer que des autres hommes. Cela préluderait plutôt bien aux suggestions de la suite; ne nous pressons pas de rien conclure puisque le demi-frère de Cleveland ne pouvait être qu'un fils naturel de Cromwell. Les ressentiments du Protecteur faisaient une raison largement suffisante pour l'écarter des chemins battus. Prévost pouvait se croire dispensé de lui assener son lot de tempêtes...

Echappé de sa prison flottante, Bridge est amené par ses sauveurs à une côté inconnue dominée par une falaise inabordable; elle est fissurée par un sentier tortueux qui débouche après un quart d'heure de marche sur une plaine riante entourée de tous côtés par des rochers "moins hauts que roides et escarpés" (p.103). La plaine ainsi encadrée est largement pourvue de tous les bienfaits de la nature. Y règne même "un continuel printemps, qui est toujours accompagné des richesses de l'automne" (p.105); la notation a dû faire enrager Napoléon si jamais il a lu *Cleveland* sous les pluies battantes de Longwood. Elle n'en reconduit pas moins à son tour des coordonnées coutumières: la clôture comme l'abondance naturelle sont des réquisits familiers de l'utopie, qui, de s'adonner à des expérimentations imaginaires, se donne volontiers des conditions optimales.

Les habitants de la plaine cachée sont des protestants de La Rochelle, qui ont quitté leur ville après le siège. La petite troupe, enrichie en route de quelques presbytériens anglais, compte d'abord émigrer en Amérique. Un naufrage la jette sur cette côte inconnue, où elle ne tarde pas à s'établir commodement. Les maisons sont toutes identiques et "se répond(e)nt avec symétrie" autour d'un "vaste édifice"(p.103) central; les utopies apprécient d'habitude l'uniformité. Elle règne aussi dans les moeurs. Les habitants de la "colonie" se sentent tous égaux et ont tous droit à la même part des richesses communes; toute jalousie est dès lors exclue. On exclut de même l'avarice: les habitants produisent eux-mêmes tout ce dont ils ont besoin et n'ont guère de contact avec le monde extérieur. L'argent qu'ils ont apporté d'Europe leur est si inutile qu'ils l'ont "renfermé de concert" dans un coin perdu de leur magasin; "c'est un bien mort et sans usage" (p.110).

Tout cela rend un son connu. On ne s'étonne même pas trop que cette société d'égaux ait des domestiques: les émigrés n'ont "point changé l'ordre des conditions" (p.107) et les enfants qui leur naissent gardent le rang de leurs parents. Il suffit pour que tout ce monde soit content que les valets aient droit aux mêmes rations que leurs maîtres et que ceux-ci s'interdisent de les rudoyer:

> C'est un crime qu'on châtie rigoureusement parmi nous que de les traiter avec dureté. Quel droit avons-nous de les maltraiter qu'ils n'aient pas de refuser de le souffrir? Pour ce qui regarde le rang, ils l'ont immédiatement après nos enfants; et ils observent entre eux le même ordre que

nous gardons parmi nous. Ainsi, comme on ne saurait dire qu'il y ait de l'inégalité entre un fils et son père, il n'y en a guère davantage entre nous et nos domestiques. (p.107)

Ce genre d'ambiguïtés se retrouve dans toutes les utopies égalitaires et prouve seulement combien il était difficile, pour un esprit d'Ancien Régime, d'échapper à l'évidence de certains partages. La Révolution elle-même, dans ses constitutions les plus démocratiques, ne s'avisera jamais de faire voter les domestiques.

Voici donc un petit monde solidement installé dans son bel ordre. Au moment où Bridge le rejoint, il se trouve pourtant confronté à une crise. Il s'est avéré que cette "espèce de Terre promise" présente un grave inconvénient; elle a

> dans l'air ou dans le fond du terroir quelque chose de vicieux qui s'oppose à la propagation de la colonie. (p.105)

Par un étrange caprice de la nature, il n'y naît que des filles, qui, du coup, ne trouvent pas de conjoints quand elles atteignent l'âge nubile. Aussi le sauvetage de Bridge ne relève-t-il pas de la seule générosité. L'étrangère qui l'avait repéré était une émissaire de la colonie, envoyée dans les principales villes protestantes de France et d'Angleterre pour y recruter de jeunes maris et assez malheureuse ou maladroite pour ne ramener que cinq candidats. Bridge fera le sixième du lot. Effectifs dérisoires puisqu'il n'y aurait pas moins que quatre-vingt-seize jeunes filles à pourvoir...

Pour éviter toutes jalousies, la colonie décide "de faire dépendre du sort à qui la préférence serait accordée" (p.108). Le ministre, au cours de la cérémonie destinée à cet effet, ne manque pas d'affirmer que le tirage au sort servira de truchement à la volonté divine:

> Quoique toutes les filles parmi lesquelles on allait élire nos épouses eussent été élevées dans la pratique de l'honnêteté et de la vertu, il ne doutait pas, nous dit-il, que Dieu, dont la main conduit le sort, ne fît tomber en partage à chacun de nous celle dont l'humeur et les qualités s'accorderaient le mieux à notre inclination. C'est par cette raison, ajouta-t-il, autant que pour éviter les jalousies qui naissent des préférences, que nous nous sommes déterminés à remettre l'élection de vos épouses au hasard, persuadés que tout ce que les hommes appellent de ce nom n'est qu'une secrète disposition du ciel, qui tourne toujours les événements à l'avantage de ceux qui respectent ses volontés. (p.111)

L'utopie rocheloise

L'ennui est que cette cérémonie, pour laquelle la colonie se rassemble au grand complet, amène aussi la première confrontation des nouveaux venus avec les jeunes filles de l'île. Les six jeunes gens ne laissent pas de faire de suite leur propre choix -et attribuent à leur tour ces coups de foudre à la volonté du ciel:

> Les desseins de Dieu ne se déclarant jamais plus sensiblement que par ces mouvements indélibérés auxquelles la volonté de l'homme ne contribue de rien, nous les (avons) expliqués dans le sens le plus naturel, c'est-à-dire comme une marque que le ciel nous destinait à épouser les jeunes personnes pour lesquelles il nous inspirait tout d'un coup la plus vive affection. (p.138)

La référence au ciel consacre donc des priorités radicalement opposées; l'épisode aménage une confrontation presque idéaltypique entre la raison sociale et le choix personnel et évite soigneusement tout ce qui compromettrait la netteté de l'épure. Aucun des six jeunes gens ne reste indifférent, les coups de foudre n'interfèrent pas et ne génèrent donc aucune rivalité, ils aboutissent tous à des amours partagées, le tirage au sort n'en favorise aucun; il se trouve en outre qu'aucune bien aimée n'est attribuée par le sort à un autre membre de la troupe. Prévost est d'habitude très enclin à faire proliférer les aventures; il préfère cette fois un contour élémentaire. Il ne précise pas non plus si les élues du coeur ou celles du sort appartiennent ou non à la classe des domestiques; le groupe des quatre-vingt-seize paraît complètement homogène, l'intrigue ne retient, après la présentation initiale, que la foncière égalité des colons.

Le débat entre les droits du coeur et ceux de la société ou de la famille est au moins aussi ancien que la littérature de fiction, qui avait volontiers tranché en faveur des premiers. Prévost se rallie à cette prédilection avec une radicalité inaccoutumée: l'invraisemblance massive de son dispositif indique qu'il s'agit ici d'une option de principe, qui ne se réduit pas à la sympathie immédiate que tout auteur de fiction ressent quasi instinctivement pour ses protagonistes. Dans le tout-venant de la narration émouvante, les inclinations qui se heurtaient à des obstacles tyranniques avaient généralement eu d'abord l'occasion de faire leurs preuves, d'étaler une délicatesse ou un dévouement supérieurs qui leur créaient certain droit moral. Ces titres paraissent ici superflus. Le bon droit de Bridge et de ses compagnons concerne un penchant instantané, né d'un simple coup d'oeil, qui se profile dés lors comme un bon plaisir souverain. La revendication a si peu besoin d'une quelconque supériorité intrinsèque des amours qui l'invoquent qu'elle préexiste même aux coups de foudre; Bridge la formule au moment même où on lui annonce la cérémonie du sort:

> Je me sentais un fonds de délicatesse qui ne s'accommoderait point d'une épouse dont je ne serais redevable qu'au hasard. Mon coeur demandait à choisir, et je commençai à craindre de ne pas trouver dans l'île tout le bonheur qu'on m'y promettait. (p.108)

Il y revient lorsqu'il explique au ministre pourquoi lui et ses compagnons ont cru pouvoir contracter des mariages secrets conformes à leur propre choix:

> Rien ne nous a paru si injuste et si mal conçu que cette odieuse cérémonie du sort à laquelle vous avez voulu que nous fussions redevables de nos épouses. Des Anglais et de Français ne souffrent pas qu'on tyrannise leur coeur. Nous sommes rentrés dans nos droits en nous choisissant nous-mêmes de chères et aimables moitiés, qui partageront désormais nos peines et nos plaisirs et qui nous feront goûter de nouvelles douceurs dans ce séjour de paix et d'innocence. Il nous était impossible d'y vivre heureux sans elles; et comme on nous a promis le bonheur en nous y conduisant, nous nous flattons qu'on nous laissera jouir avec tranquilllité du seul bien auquel nous l'avons attaché. (p.126)

Cet espoir ne sera pas rempli. La communauté, qui se sent bafouée, emprisonne les jeunes mariés au lendemain de leurs unions secrètes et mettra quelque six mois à décider de leur sort. Affrontement prolongé que le texte relate avec une évidente partialité. Bridge et des siens préfèrent d'abord attendre le verdict du sort, qui, après tout, pourrait leur être favorable; ils s'abandonnent à un espoir si chimérique parce qu'ils se font "un scrupule de troubler la paix qui régnait dans cette tranquille habitation" (p.108). Ils ne tardent pas, dans leur prison, à rêver de voies plus violentes, qui restent apparemment très praticables au sein d'une communauté qui ne s'est plus servie de ses armes depuis plus de vingt ans: elles aussi dorment, avec l'argent, dans un coin perdu du magasin. N'empêche que la tentation se profile surtout pour être aussitôt récusée. Les prisonniers choisissent d'attendre si aucune des unions secrètes ne s'est montrée féconde. Cela changerait leur position juridique en prouvant une consommation dont la colonie préfère douter et permettrait un "succès (…) sûr, tranquille, à couvert de toute violence" (p.141). Quand il se trouve que seule l'épouse de Bridge est enceinte et que cela ne suffit pas à lever les difficultés, on pense de nouveau à un coup d'éclat -pour décider presque tout de suite que Gelin, qui est

L'utopie rocheloise

le plus éloquent de la bande, profitera d'une cérémonie religieuse pour faire un discours à la communauté assemblée. Les mariages secrets y deviennent

> un innocent artifice dont le but avait moins été de tromper la colonie que d'épargner à elle et à nous d'inutiles explications. (p.139)

Cette formule très euphémisante permet à l'orateur de s'étendre longuement sur "la douceur et l'honnêteté" (p.135) dont les compagnons auraient fait preuve au long de leur séjour dans l'île...

Prévost s'acharne par contre à noircir les réactions de la colonie. Les colons auraient au moins quelques raisons de se sentir froissés; le narrateur les voit guidés par la méchanceté pure et simple:

> L'injustice et la cruauté devaient l'emporter sur la droiture et la vertu. Les chefs de l'église, les anciens du peuple, nos juges et nos pères avaient tenu un conseil d'iniquité contre nous. Ils étaient à exécuter notre ruine, tandis que nous les cherchions pour leur présenter nos larmes et les attendrir en faveur de notre innocence. (p.127)

Comme pour mieux accréditer cette vision des choses, le texte se donne un méchant caractérisé en la personne du ministre de la colonie. Les anciens qui l'entourent, et qui s'étaient d'abord montrés si accueillants, sont perçus un instant comme autant "de vieillards soupçonneux qui n'avaient point d'autre occupation que d'observer (la) conduite" (p.118) des jeunes gens; Bridge revient à une appréciation plus modérée pour y voir

> des gens simples, et accoutumés (...) à suivre (l)es décisions du pasteur et à les respecter. (p.127)

Ils ne devinent donc pas que sa "décision" est dictée en l'occurrence par la seule animosité: l'épouse que le sort attribue à Bridge est la nièce du ministre, la mère de celle qu'il préfère a l'imprudence d'adresser à son pasteur quelques mots ironiques qu'il reçoit comme un outrage sanglant. L'ecclésiastique, du coup, ne pense plus qu'à se venger:

> Tout ce qu'un ennemi violent et artificieux peut mettre en usage pour verser son poison dans le coeur des autres et y allumer la haine, le ministre l'employa dans cette occasion. (p.147)

Ses artifices lui réussissent si bien que Bridge et son épouse, qui sont les seuls dont le crime est avéré, finissent condamnés à mort. C'est à ce moment, mais à ce moment seulement, que deux de ses compagnons courent aux armes.

Le roman penche en règle générale à donner raison aux amoureux; Prévost y va d'un tel luxe de coups de pouce qu'on soupçonne que la rengaine illustre ici une nouvelle donne, certaine méfiance instinctive contre le social qui ne paraît plus guère susceptible que de violences tyranniques. Le groupe des six lui-même semblerait à première vue incarner une proximité plus positive. Les six jeunes gens font connaissance "avec la tendresse que l'on sent l'un pour l'autre quand on est compagnons du même sort" (p.108)[2]. Les coups de foudre simultanés figurent ensuite une "ressemblance d'aventures (qui) ne f(ai)t que serrer le lien qui (les) unissait déjà" (p.114). L'ouverture réciproque est, à ce moment, tout au plus nuancée par une illusion bien innocente:

> Personne ne se plaignit de l'amour; toutes nos maîtresses nous avaient écoutés favorablement: avec cette différence peut-être que quelques-unes s'étaient moins rendues par estime pour leurs amants que par l'inclination violente qu'elles avaient pour le mariage. Notre contentement ne laissait pas de paraître égal, l'amour-propre ne manquant point de nous persuader que nous devions nos conquêtes qu'à notre mérite. (p.118)

Il suffit pourtant, quelques jours plus tard, que les six se voient répartis sur deux chambres de la prison pour qu'une des chambrées fléchisse presque aussitôt. Leurs réponses évasives sur la consommation des mariages secrets font le jeu du ministre, qui cherche à rétrécir le groupe des coupables pour mieux les faire châtier sévèrement. Cela devient plus facile encore quand les trois inconstants se laissent convaincre quelques mois plus tard de renier leurs engagements secrets et de convoler avec les partenaires que le sort leur avait désignées:

> En s'attachant à leurs nouvelles épouses, ils perdirent toute l'affection qu'ils avaient eue jusqu'alors pour leurs compagnons (....). Gelin, toujours vif et impatient, ne put s'empêcher de leur donner des marques éclatantes de mépris et d'indignation; mais elles ne serviront qu'à les ai-

---

[2] La formule, qui ne rend pas précisément un son très altruiste, ne convient peut-être que mieux, puisqu'elle n'idéalise rien, à ce qu'il a dû y avoir au coeur des sociabilités villageoises d'Ancien Régime...

grir contre nous et à les mettre entièrement dans le parti de nos ennemis. (p.149)

Après quoi "la lâcheté de ces trois perfides contribu(e) plus que toute autre chose " (p.150) à la condamnation de Bridge. La colonie, dûment soufflée par son ministre, en conclut que les six jeunes gens avaient appréhendé la cérémonie du sort comme un authentique engagement matrimonial. La consommation du mariage secret, attestée pour le seul Bridge, était donc un adultère, passible, pour les coutumes de la colonie, de la peine capitale.

Une communuaté édénique se montre répressive, un groupe fait pour s'entendre tarde peu à se lézarder. Le premier épisode utopique de *Cleveland* suggère surtout qu'il y a peu de fond à faire sur les proximités les plus fiables. Bridge finit, puisqu'il le fallait pour la suite de l'intrigue, par échapper à la condamnation à mort; les colons préfèrent finalement le ramener, avec les deux amis qui s'étaient dévoués pour sa cause, à Sainte-Hélène. Leurs épouses n'étant pas comprises dans cette sentence, les trois amis n'ont rien de plus pressé que de fréter un navire pour se mettre à leur tour à la recherche de l'île mystérieuse. La quête, qui reste infructueuse, les amène au moins sur le chemin de Cleveland.

Le mystère de la colonie introuvable trouve sa solution quand il s'avère bien plus tard que la prétendue île faisait partie de Sainte-Hélène. La plaine encastrée dans les montagnes n'avait jamais été repérée par les autres insulaires, les colons se croyaient entourés de tous côtés par la mer. Ce secret avait été su, dans la colonie, de quatre personnes, qui s'adjoignaient un nouvel affilié à chaque décès. On combinait ainsi la clôture utopique avec le confort lui aussi très appréciable de se procurer de temps en temps quelques ustensiles que la colonie aurait difficilement fabriqués elle-même. Une fois la première installation assurée, ces achats s'étaient d'ailleurs faits de plus en plus rares.

Ce genre de précautions et de secrets est courant en utopie. Les îles heureuses assurent volontiers leur fragile équilibre en le protégeant de toutes perturbations extérieures. Il est plus rare de voir se justifier ces appréhensions. Quand la colonie rocheloise se trouve frappée par une épidémie, les décès trop nombreux amènent quelques confidences imprudentes:

> Ceux qui étaient les dépositaires de ce secret avaient été obligés de le communiquer en mourant; et dans le trouble continuel que la présence de la mort ne pouvait manquer de causer à tout le monde, on n'avait point gardé les mesures ordinaires pour l'empêcher de se répandre. Tout ce qui restait d'habitants en fut donc bientôt informé. (p.254)

Il n'en faut pas beaucoup plus pour que les survivants décident aussitôt de quitter leur réduit:

> Les habitants que la peste avait épargnés ne purent savoir longtemps qu'ils avaient d'autres hommes auprès d'eux sans souhaiter de lier avec eux quelque commerce; et dans l'embarras où ils se trouvaient par la mort de leurs compagnons, l'ennui ayant bientôt succédé à la satisfaction qu'ils avaient goûtée pendant tant d'années dans leur solitude, ils prirent enfin le parti de faire avertir le gouverneur de Ste. Hélène... (p.255)

Cet empressement à rejoindre les autres insulaires ne semble, même si la formulation est plutôt réservée (quelque commerce...), pas trop insociable. N'empêche que pareil dénouement indique surtout combien une société dont tout les membres paraissaient se louer peut se désagréger du jour au lendemain. "La connaissance du lieu fit naître l'envie de le quitter" (p.254), envie de suite assez forte pour que la "satisfaction" qu'on y avait toujours éprouvée cède "bientôt" à l'ennui. La nouvelle alliance qui suit reste au demeurant frileuse: les habitants de Ste Hélène étant de souche portugaise, les rochelois, tout en reconnaissant l'autorité de leur gouverneur, préfèrent ne pas voisiner avec ces catholiques fervents:

> Une sage prévoyance de ce qu'ils avaient à craindre pour l'avenir les porta à prier le gouverneur de leur accorder à quelque distance de son habitation un endroit commode pour en former eux-mêmes une nouvelle. (p.255)

Il est sans doute plus significatif encore que les rescapés ne s'avisent pas que l'installation à part permettrait de reprendre la belle organisation de leur première colonie. Au moment de l'abandonner, ils partagent

> avec égalité l'argent qui était en dépôt dans le magasin. Ce trésor était si considérable que chacun eut de quoi mener une vie douce et commode. (p.255)

Ce qui signifie en bon français qu'un chacun se replie désormais sur une confortable vie privée[3].

Au sortir de l'état de nature

Quelques mois après ses retrouvailles avec Bridge, Cleveland retrouve Milord Axminster, Fanny et ce qui reste de leur suite. Il ne s'agit plus que d'une misérable bande démunie de tout et égarée dans le désert. Iglou, l'esclave-guide très dévoué de Cleveland, leur recommande alors de chercher refuge chez sa tribu, où il se fait fort de leur obtenir une généreuse hospitalité. La promesse est tenue au-delà de toute espérance. Les Abaquis conçoivent tant de sympathie et d'admiration pour leurs hôtes qu'ils demandent à Cleveland de devenir leur roi. Ce qui l'installe dans l'emploi classique du législateur utopique.

Soulignons au passage, sans prolonger une glose prévisible, la suffisance d'un tel enchaînement, qui atteste, après et avant bien d'autres, une confiance imperturbable en la supériorité blanche. Les Abaquis sauvent la vie de leurs hôtes, qui leur arrivent dans un dénuement à peu près absolu; les relations ne tardent pourtant pas à retrouver une assiette plus coutumière, les Européens devenant à leur tour les maîtres et les bienfaiteurs de ces Indiens qui ont tout à gagner à leur contact. Aussi la bonne quarantaine de pages que Prévost consacre à ses Abaquis reprend-elle à peu près tous les stéréotypes du mépris qui autorisent d'habitude la bonne conscience coloniale. Cleveland note avec une surprise ingénue que les sauvages se montrent parfois intelligents:

> Ils nous regardaient avec une apparence d'étonnement, et je crus apercevoir du bon sens et de la réflexion dans la manière dont ils se communiquaient leurs remarques. (p.186)

Il n'en attendait pas tant et est tout heureux de constater plus tard que le père d'Iglou a "le sens fort droit" et qu'il est "capable de réflexion, ce qui n'est pas ordinaire parmi les sauvages" (p.195). Inversement, le texte ne tarit pas sur la stupidité, celle-là très partagée, de ses sauvages. Ils "ne connaissent ni règles de défense ni précautions de sagesse" (p.213) et négligent les prudences les plus élémentaires:

---

[3] Comment ne pas penser au *Manuscrit trouvé à Saragosse?* Le trésor des Gomelez, conservé et augmenté pendant des siècles pour financer un jour une radieuse aventure collective, finit lui aussi par être distribué parmi la dernière génération d'héritiers. Ils y gagnent largement de quoi vivre, pour le restant de leurs jours, de leurs rentes. Le comte Potocki, qui avait tout lu, connaissait certainement le roman de Prévost…

> Rien ne marque mieux la stupidité des sauvages de l'Amérique que de voir qu'ils manquent d'industrie même pour leur conservation, quoique la nature seule dût suffire pour leur en inspirer. Ils ne l'emportent guère en cela sur les bêtes: c'est-à-dire que toute leur méthode dans la guerre consiste à se jeter impétueusement les uns sur les autres, et à se battre avec furie jusqu'à ce que le plus maltraité ou le plus fatigué soit contraint de céder et de prendre la fuite. (p.198)

Il y aurait à épiloguer aussi sur la parfaite évidence avec laquelle Cleveland fait toujours passer ses propres soucis avant l'intérêt de ses nouveaux sujets. Lui-même affirme qu'il a "deux buts (...) en acceptant le gouvernement" (p.196). Il cherche d'abord à être mieux en mesure de se rendre utile à Milord Axminster, puis, mais ensuite seulement et "autant que le premier (but) le permettra, à civiliser ces pauvres sauvages" (p.197). Priorité compréhensible puisque personne, après tout, n'est tenu à s'imposer une vocation de civilisateur; il est plus inquiétant qu'à chaque fois qu'il s'agit de son premier but, Cleveland retrouve sans effort comme sans scrupule un regard purement instrumental sur ses Abaquis. Axminster étant parti le premier, Cleveland, quand il se fait trop attendre, décide

> de prendre cinq ou six sauvages des plus vigoureux et des plus hardis, de les flatter par toutes les espérances qui pouvaient les animer et de les envoyer vers la mer au risque de tout ce qui pouvait leur arriver. (p.197)

Les Abaquis, d'habitude, "ne s'éloignaient guère de leur vallée" (p.197), ces émissaires n'ont donc aucune idée du chemin à parcourir; il s'agit en fait d'une escouade perdue, dont rien n'assure qu'ils aient des chances réelles de revenir. Quand ils reviennent quand même, leurs terribles nouvelles -Axminster est prisonnier d'une tribu d'anthropophages- amènent Cleveland à partir lui-même à la tête d'une petite armée. Cette fois, c'est toute une jeunesse qui se trouve entraînée dans l'aventure. Comme ses sujets lui sont très attachés et risqueraient de s'opposer à son départ, il s'abstient de préciser qu'il ne compte plus revenir et se dit que le seul fait d'emmener tant de monde contribuera à cacher ses projets:

> Nous eussions pris une escorte, ce qui eût encore aidé à leur persuader que notre dessein n'était pas de les quitter absolument; et nous n'eussions point eu de peine à nous en défaire, si le Ciel eût béni notre route et nous eût fait tomber dans quelque habitation anglaise ou espagnole. (p.217)

Au sortir de l'état de nature

La dernière phrase est sinistre: l'escorte, en cas de succès, n'aurait qu'à se débrouiller pour retourner toute seule à ses pénates. Encore est-ce là la meilleure des hypothèses: il n'est au moins pas évident que les Européens les laisseraient repartir tranquillement. Le roman indique à deux reprises que les Indiens qui s'aventurent loin de chez eux risquent toujours de se faire vendre comme esclaves[4]...

Tout cela n'est pas beau et rend aujourd'hui un son gênant. Il serait pourtant abusif d'y reconnaître d'office cet affaissement des sociabilités dont témoigne l'utopie rocheloise. Prévost, c'est le moins qu'on puisse dire, n'imagine[5] pas précisément ses Américains comme des bons sauvages. Toujours est-il que le dédain à l'égard de "primitifs" qu'on ne percevait pas tout à fait comme des semblables fait un style très répandu de l'ère coloniale, qui a donc pu accompagner des attitudes fort diverses. Il se sera combiné aussi, en des dosages variables, avec le paternalisme bienveillant que Cleveland, quand ses propres intérêts ne sont pas en jeu, pratique pareillement. Cleveland, en effet, cherche aussi

> à civiliser ces pauvres sauvages, à les tirer des ténèbres de l'idolâtrie, et à leur faire goûter quelques idées de morale et de discipline. (p.197)

A regarder le détail de ses tentatives, ce programme ambitieux se donne des objectifs plutôt modestes. Les législateurs utopiques sont généralement enclins à édicter de copieuses stipulations; Cleveland commence par quelques renoncements. Sur bien des plans, ce civilisateur préfère laisser les choses en l'état. Il

---

[4] Iglou avait été jusque-là le seul Abaqui à se risquer au loin; ses "longs voyages (...) étaient regardés comme une chose sans exemple parmi eux" (p.197); il s'est trouvé "pris par les Espagnols et vendu au gouverneur de l'île de Cube", où, il est vrai, il aurait "vécu fort doucement dans son esclavage" (p.182) jusqu'au moment où son maître l'envoie accompagner Cleveland en Amérique. Le roman évoque aussi les "Espagnols de Pensacola, qui remontent en certain temps la grande rivière du Saint Esprit et qui achètent des esclaves pour quelques verres d'eau-de-vie ou pour quelques denrées de nulle valeur" (p.218). Axminster prisonnier est acheminé vers ce rendez-vous, Cleveland s'y retrouve plus tard quand il est à son tour prisonnier des Rouintons. Il échappe alors à l'esclavage en se faisant reconnaître comme Européen...

[5] Les pages que nous commentons datent de 1731 et sont donc de dix ans antérieures à l'*Histoire générale des voyages*. C'est dire que l'image de l'Amérique qu'elles proposent est de toute évidence plus fantaisiste que documentaire.

pense d'abord habiller ses nouveaux sujets, mais n'en fait finalement rien; il se dit que

> la honte d'être nu (...) est un préjugé de l'éducation et un simple effet de l'habitude. (p.199)

S'il obligeait ses Abaquis à se vêtir, cette nouvelle "habitude" ne tarderait pas à générer des effets pervers:

> Ils regarderont leurs habits comme des ornements; ils se piqueront peu à peu de propreté et de goût dans leur parure. Ils en viendront aux recherches curieuses, aux affectations, aux modes, et à tous les effets ridicules de la vanité et de l'amour-propre dont on voit tant de misérables exemples en Europe. (p.199)

Cleveland renonce de même à modifier la cuisine Abaqui. "Leurs viandes" sont sans doute "grossières et mal apprêtées" (p.199), mais suffisent à les nourrir sainement; ce

> serait les traiter en ennemis que d'introduire parmi eux le pernicieux usage de nos sauces et de nos ragoûts. (p.199)

Le texte ne précise pas pourquoi cet usage serait "pernicieux". L'idée s'impose qu'il s'agit là encore de prévenir des "recherches curieuses" et des "affectations"; le thème affleure quand Cleveland s'étonne que les Abaquis s'accommodent de n'importe quel gibier et qu'ils n'"y mett(e)nt nulle distinction". Ils s'inquiètent aussi peu de leurs cabanes, qui sont "commodes sans être belles ni régulières". Cleveland n'y améliore rien puisque cela reviendrait à ajouter des "ornements" (p.199) inutiles.

Prévost propose une utopie plutôt austère; les diatribes contre la vanité et l'apparat inutile sont un texte coutumier du genre. Il convient d'ajouter cependant que les règlements qui excluent ces caprices ne laissent pas, en règle générale, de stipuler d'autre part tout un bariolage. Les urbanismes utopiques sont bavards. Chaque rang ou chaque emploi revêt sa couleur, voire son uniforme; les maisons s'ornent de symboles qui indiquent eux aussi des rangs à moins qu'ils ne célèbrent telle vertu ou le respect dû à la vieillesse... L'alimentation, le vêtement et l'habitat font un peu partout la trame élémentaire de la civilisation matérielle; la plupart des sociétés y inscrivent une profusion de signes dont l'émission, la reproduction, voire les rivalités contribuent à leur manière à re-

Au sortir de l'état de nature

tremper sans cesse la cohésion du groupe. L'utopie remplace le plus souvent[6] ces symbolisations anarchiques (ou supposées telles) par des messages qui lui paraissent plus décents; elle aussi n'imagine guère qu'une société pourrait se passer de ce bruissement permanent.

Les Abaquis, pour leur part, habitent un village muet, qui reste en-deçà de ces sémiologies. Les relations de voyage des missionnaires fournissaient pourtant largement de quoi mettre en scène une indianité plus châtoyante. Prévost préfère le style le plus dépouillé et semble estimer que tout ce que son législateur ajouterait à cette subsistance élémentaire ne nourrirait jamais que des affrontements d'amour-propre. Tout se passe comme s'il trouvait à peu près inimaginable qu'un groupe humain s'engage et s'installe, sans dysfonctionnements autres qu'incidents, dans un investissement symbolique intensif -alors que ces ferveurs faisaient depuis toujours le *basso continuo* de toutes civilisations connues.

Cette carence des symbolisations élémentaires ne suffit bien sûr pas à prouver que l'utopie abaqui retrouve l'évidement du social de l'épisode rochelois. Ce serait surestimer l'importance du trivial, que ce grand roman regarde de si haut qu'il serait de toute manière hasardeux de prétendre y repérer des changements décisifs. La suite, qui s'attache à des réformes nobles, n'en abonde pas moins dans le même sens:

> Le seul changement que je résolus donc de faire parmi les sauvages regardait la religion et le fond des moeurs. Le premier de ces deux articles n'était point une entreprise à tenter tout d'un coup (…). En attendant (…) je m'appliquai tout à la fois à régler la police extérieure et à établir dans l'intérieur des familles ces principes d'ordre et de subordination qui font le plus ferme lien de la société. (pp.199-200)

Ces "principes" étaient sans doute hautement appréciés dans la plupart des sociétés d'Ancien Régime; Cleveland les prône pourtant avec une insistance très particulière -alors que que l'autoritarisme qu'il instaure semble en même temps foncièrement oiseux. Nous apprenons en effet qu'avant son ordre moral, les Abaqui avaient très peu le sens de la famille; ils n'auraient même "aucuns noms

---

[6] C'est notamment le cas dans l'*Histoire des Sevarambes* de Denis Vairasse, qui passe pour être l'intertexte utopique le plus proche de *Cleveland*; cf. au sujet de ces dispositions vestimentaires, *Histoire…*, t.4, pp.23-30. On se souvient que, sur ce point, Fénelon suit l'exemple de Vairasse pour sa république idéale de Salente.

La débâcle des utopies

particuliers pour exprimer la qualité de père" (p.200). Passons sur l'absolue invraisemblance d'une telle lacune; toujours est-il qu'une ignorance si crasse, un relâchement si absolu de toutes attaches sociales semblerait devoir appeler les pires désordres et qu'en réalité il n'en est rien. Cleveland note:

> Ce qui me parut surprenant fut de voir règner dans les familles une concorde admirable, malgré l'indépendance où ils étaient les uns à l'égard des autres. Les querelles et les divisions étaient presque inouies parmi eux. J'attribuai cette tranquillité à deux causes: au caractère naturel de la nation, qui était doux et ennemi de la violence, et à la crainte commune qu'ils avaient des Rouintons qui les tenait sans cesse en alarme, et auxquels il leur eût été difficile de résister s'ils se fussent divisés. (p.200)

Devant un "caractère naturel" si heureux, le législateur aurait pu se limiter à quelques retouches. Il préfère dans toutes les acceptions du terme la manière forte. Son zèle, du coup, ne peut que renchérir, il ne s'agit jamais que de chercher à "établir leur paix et et leur union sur des fondements plus solides" (p.200) sans qu'on voie pourquoi l'harmonie qui se trouvait exister avant ces efforts serait particulièrement fragile ou défectueuse. Ici encore, tout se passe comme si une sociabilité immédiate, pourtant assez harmonieuse pour se profiler comme "une concorde admirable", paraissait d'office et irrémédiablement peu crédible.

La création d'autorités vise alors à imposer une cohésion que Prévost n'estime solidement garantie que par la contrainte. Cleveland inculque à ses Abaquis "les devoirs de la nature, qui assujettit jusqu'à un certain point les enfants à l'autorité paternelle" (p.200). Formule modérée seulement en apparence: ils apprennent ensuite que cette autorité ne comporte pas de terme et qu'en

> croissant et en avançant même en âge, ils n'acqu(err)aient point de droits qui pussent diminuer ceux de leurs pères, puisque la force et la santé port(e)nt toujours sur la vie qu'ils avaient reçue d'eux comme sur leur principe. (p.201)

Cette insistance n'est pas inédite en utopie[7] et n'ajoute sans doute rien d'essentiel au Quatrième Commandement. Je note pourtant que le Décalogue

---

[7] Philippe Stewart cite là encore l'*Histoire des Sevarambes*, où le législateur Sevarias recommande à ses successeurs "de faire respecter la vieillesse, & accoutumer de bonne heure les jeunes gens à honorer ceus qui leur sont supérieurs en âge & en expérience" (*Histoire de Sevarambes*, t.4, p.193). La formule paraît nettement moins autoritaire puis-

enjoint d'honorer père et mère afin de vivre longuement; Cleveland propose une autre prime en arguant

> que le temps viendrait (...) où les enfants auraient leur tour et qu'après avoir respecté leurs pères et leur avoir rendu leur obéissance, ils auraient aussi des enfants dont ils se feraient obéir et respecter. (p.201)

Un législateur éclairé serait mal venu à promettre une longévité qui, d'être un don du Ciel, tiendrait en dernière analyse du miracle. Son argument de rechange renforce une note autoritaire qui appartient certes aux meilleures traditions de l'utopie, mais que les prédécesseurs de Prévost cultivaient rarement à ce point pour elle-même.

Cleveland n'avait déjà accepté la royauté qu'à condition "qu'elle (fût) absolue" (p.194). L'autorité familiale tend elle aussi à déborder la soumission naturelle des enfants aux parents, ne fût-ce que parce que chaque maisonnée n'a qu'un seul "chef": le membre le plus âgé du groupe exerce "le pouvoir et l'autorité" (p.201) sur tous. La réforme paraît le plus fragile du côté de

> la jeunesse, qui est naturellement ennemie de la dépendance, surtout dans une nation barbare et accoutumée à une excessive liberté.

La "concorde admirable" semble décidément perdue de vue! Cleveland décide donc

> d'employer les jeunes Abaquis à quelque exercice qui pût servir tout à la fois à les tenir occupés et à leiur faire prendre insensiblement l'habitude du joug. (p.203)

Il s'agit bien sûr de les habituer ainsi à l'encadrement et à la discipline inséparables de tout "exercice" militaire. Cleveland les en convainc facilement puisqu'il trouve "un prétexte fort naturel dans la crainte qu'ils avaient des Rouintons leurs ennemis" (p.203). "Prétexte" à vrai dire si "naturel" qu'il fournirait aussi bien une raison suffisante; Prévost semble si convaincu de l'importance primordiale du joug qu'il y subordonne tout le reste.

---

qu'elle se contente de faire respecter une classe d'âge sans établir une véritable soumission. En fait, Sevarias soumet si peu les enfants à leurs parents qu'il préconise au contraire l'éducation en commun, enlevant les enfants à leurs familles dès leurs sept ans pour "les envoy(er) à des écoles pûbliques" (t.3, p.320).

La débâcle des utopies

Hors du joug, point de sociabilité, tel serait, si l'on me permet de pasticher une formule célèbre, le message central de l'épisode Abaqui. Cleveland n'est pas sûr que ses pères, qui devraient garantir son bel ordre, n'abuseront pas du pouvoir qu'il leur aménage. Il les menace de son pouvoir suprême en leur disant que

> leur qualité de pères leur impos(e) à eux-mêmes des obligations qu('il tiendrait) la main à leur faire observer. (p.201)

Nous sommes dans un groupe où rien ne va de soi et où aucune entente ne s'aménage spontanément. Les Abaquis, quel que soit leur excellent naturel, ont besoin de contraintes et de menaces, qui paraissent seules capables d'assurer certain *effet d'ensemble*.

La politique religieuse de Cleveland fait le volet le plus surprenant de ses réformes. Le legislateur commence par s'aligner sur la religion primitive de ses sujets, qui révèrent le soleil comme "leur toute-puissante et redoutable divinité" (p.194). Comme il passe pour châtier le parjure avec un extrême rigueur, Cleveland, lors de son intronisation, exige qu'on lui "jur(e) par le soleil d'exécuter (s)es volontés" (p.196). Il rappelle auparavant, dans ce qui est en somme son discours du trône, quelques fables terrifiantes que les anciens de la tribu lui avaient racontées la veille et ajoute même de nouveaux exemples de son cru, rehaussés de "circonstances capables de les effrayer" (p.196). La scène a dû surprendre plus d'un lecteur éclairé; le narrateur invoque une nécessité qui commence à nous être familière:

> Mon principal dessein était de leur faire regarder le serment qu'ils allaient faire comme une cérémonie redoutable. *Je n'avais point d'autre lien pour m'assurer d'eux*, et j'étais persuadé par ce qu'on m'avait dit la veille que c'était le seul moyen de les rendre capables de discipline. Je conclus donc en leur demandant s'ils étaient disposés à jurer de m'obéir, c'est-à-dire à s'exposer aux plus affreux châtiments s'il leur arrivait de manquer de respect pour mes ordres. (p.196; je souligne)

Cleveland accepte une autorité qui lui est offerte, ses sujets demandent de pouvoir lui obéir. Ce contrat social ne paraît pourtant bien établi que s'il est fondé sur la crainte.

Ce pourrait être une première étape, une crainte salutaire destinée à se sublimer par la suite en consentement intime. La réforme religieuse introduite quelques mois plus tard ne va malheureusement pas dans ce sens. Elle frappe d'abord par l'indigence de son contenu: Cleveland convertit ses Abaquis à un minimum déiste plutôt qu'à sa religion révélée; il se contente en guise de liturgie d'une seule prière, "courte, mais de sens clair et expressif" qu'un chacun devra apprendre par coeur. Il stipule en outre que la tribu se réunira deux fois par semaine pour une "assemblée de religion", qui se réduit apparemment à une récitation publique de la prière. Tout autre ajout "dégén(érerait) tôt ou tard en superstition" (p.210)... Il n'est au moins pas évident que pareille religion soit vraiment préférable au culte du soleil que Cleveland avait trouvé établi. Les Philosophes estimaient volontiers que les religions du soleil ébauchaient une approximation primitive du déisme, qu'elles figuraient en somme la plus raisonnable des superstitions ou, pour emprunter le langage fleuri de Marmontel,

> un culte inspiré par l'amour (...) et qui ne coûta jamais un soupir à la nature, ni un murmure à la raison.[8]

Les Abaquis, qui plus est, pratiqueraient une variante remarquablement épurée de cette religion raisonnable. S'ils se transmettent quelques fables "pleines d'absurdités et de contradictions" (p.194), Cleveland note d'autre part

> avec joie que rien n'était plus simple que le culte qu'ils rendaient au soleil. Ils n'avaient ni prêtres, ni appareil de religion. Tout consistait à le reconnaître pour leur divinité, et chacun était libre de l'honorer à sa manière, sans s'assujettir à aucune méthode, et sans s'assembler même jamais pour cela. (p.196)

On se demande s'il valait la peine de changer quoi que ce soit à une pratique si peu fanatique.

Cleveland, qui en est convaincu, parle d'abord à ses Abaquis

> d'une autre divinité que le soleil, plus ancienne et plus puissante que lui, dont il était lui-même l'ouvrage et dont il recevait continuellement sa chaleur et sa lumière. (p.207)

Les Abaquis l'écoutent "avec admiration", mais sans en tirer aucune conclusion; c'est qu'ils ne sont pas "capables d'être convaincus par la force d'un raisonne-

---

[8] Marmontel, *Les Incas*, t.2, p.6.

La débâcle des utopies

ment" (p.207)[9]. Aussi Cleveland choisit-il de les convaincre par une preuve plus spectaculaire; elle fournit un épisode s'il se peut plus surprenant encore que la scène des serments. Le narrateur l'introduit par un mot d'excuse:

> Peut-être trouvera-t-on quelque chose d'irrégulier ou du moins de trop humain dans les moyens que j'employai: mais je crois ma conduite justifiée par mes intentions, surtout à l'égard d'un peuple grossier qui ne pouvait être ébranlé d'une autre manière. (p.207)

Les "moyens" mis en oeuvre reviennent en fait à une imposture pure et simple, organisée cette fois pour la plus grande gloire du vrai dieu. Après quelques mois de gouvernement paisible, Cleveland finit par avoir affaire à un rebelle. Moou, "le plus brave de tous les Abaquis", qui avait contribué plus que personne à son intronisation, se dit qu'il aurait pu se servir lui-même et rêve avec quelques complices d'assassiner le roi pour lui succéder. Cleveland décide de le prévenir "par la voie la plus sûre, qui était de le faire tuer en secret" (p.207); il confie l'exécution à un de ses compagnons européens et lui demande de s'y prendre de telle sorte qu'elle pourra passer pour un châtiment divin. Comme les Abaquis ignorent les armes à feu, il suffit d'un coup de pistolet nocturne pour produire un faux miracle, qui "ébranle" à souhait ce "peuple grossier".

Le lendemain du prodige[10], le roi convoque son monde "dans la prairie des assemblées" (p.210) pour établir définitivement sa nouvelle religion. La scène est émouvante à souhait:

> Peut-être le ciel ne reçut-il jamais d'hommage plus sincère et plus naturel que celui qui lui était rendu dans ce moment par des coeurs simples où régnaient la droiture et l'innocence; et j'ai toujours regardé comme une des plus glorieuses et des plus fortunées circonstances de ma vie la part que je puis m'attribuer à ce grand changement. (p.212)

---

[9] On appréciera l'imperturbable supériorité de la perspective: le prétendu 'argument' du convertisseur est au mieux une affirmation gratuite...

[10] Sur ce point encore Cleveland renchérit sur Sevarias, qui lui aussi s'affirme "armé des foudres du ciel" (t.3, p.58); il ne se sert en fait de son artillerie qu'à son arrivée dans la Terre Australe, donc à un moment où la bonne volonté de ses futurs sujets ne lui est pas encore acquise. Ce qui distend aussi le lien assez scandaleux qui se noue ici entre le coup de pistolet qui abat Moou et la conversion au vrai Dieu.

Ce jour de gloire-là, il est surtout question de la bonté toute-puissante du nouveau Dieu. N'empêche que la vraie religion aura été fondée elle aussi dans la crainte et que son principal effet (ou son principal rôle) serait de renforcer la soumission. Cleveland promet plus pudiquement à ses Abaquis

> que la religion qu'ils embrassaient serait d'un extrême avantage pour le bien de la nation et pour le soutien des lois. (p.212)

L'épisode abaqui s'achève sur une illustration plus frappante encore de la précarité du lien social. Nous avons vu comment Cleveland, au reçu de nouvelles très inquiétantes, se met à la tête de sa petite armée pour partir à la recherche de Milord Axminster. Après quelque huit jours de marche, la caravane se trouve frappée par une épidémie:

> Soit qu'ils ne fussent point aussi endurcis à la fatigue que les sauvages vagabonds qui sont accoutumés à marcher continuellement, soit que la chaleur et le changement d'air pussent contribuer à les affaiblir, il y en eut un grand nombre qui se trouvèrent attaqués tout d'un coup d'une maladie dangereuse. (p.221)

Pareille mésaventure était déjà arrivée à la colonie rocheloise. Je ne me presserais pas trop, pour ma part, de gloser cette redondance. Avant d'y découvrir d'infinis symbolismes, il convient de rappeler que la vie restait dans la première moitié du XVIIIème siècle incomparablement plus fragile que de nos jours et que les communautés humaines étaient largement désarmées devant les épidémies. Les aventures ultérieures de Cleveland ne sauraient prendre le cours qui sera le leur s'il continuait à rester à la tête de sa tribu indienne; Prévost se sert d'une catastrophe passe-partout, dont la vraisemblance est d'office acquise, pour liquider l'escorte. Il se pourrait en l'occurrence que Cleveland ait sa part de responsabilité dans la catastrophe. Il ne s'avise pas de se le reprocher et se montre naïvement surpris des réticences de ses Indiens; c'est dire qu'il garde jusqu'au bout sa perspective essentiellement instrumentale sur son peuple. Il aurait été de toute manière plus délicat de l'en séparer au moment au moment où tout ce monde atteindrait la première "habitation" européenne.

La solution ici retenue lui offre un ultime beau rôle. Cleveland se dévoue admirablement à soigner et à consoler ses sujets malades[11]. Son dévouement

---

[11] Cf.: "Je ne leur étais d'aucune utilité pour la guérison de leurs maux; mais je remarquais qu'ils recevaient de la consolation de mes visites et qu'ils en avaient de la recon-

contraste avec la désertion des survivants, qui préfèrent, au vu de la catastrophe, retourner chez eux plutôt que de continuer l'aventure. Cleveland perçoit cet abandon comme une infamie; j'y lirais la preuve décisive de la secrète fragilité du contrat social qui l'unit à ses sujets. Youngster, le compagnon de Cleveland qui s'était chargé de l'organisation de la petite armée et qui avait été aussi le bourreau secret de Moou, est parmi les premières victimes:

> La discipline s'étant beaucoup relâchée parmi eux depuis la mort d'Youngster, ils avaient murmuré contre moi, comme s'ils eussent dû m'accuser du malheur qui leur était arrivé. Je les trouvai donc si aigris et si mal disposés à l'obéissance que j'appréhendai de ne pouvoir les contenir longtemps dans le respect qu'ils avaient pour moi jusqu'alors.

Comme quoi il s'avère une fois de plus qu'au fond la contrainte seule assurait tout le reste. Cleveland, dès lors,

> ne reconn(aît) plus dans (s)es bons Abaquis qu'une troupe de sauvages capricieux et inflexibles. (p.222)

L'inflexibilité semblerait impliquer certaine raideur a priori peu favorable aux caprices; le roi abandonné constate en fait que ses bons sujets sont devenus imperméables à toute directive, qu'ils n'en font plus qu'à leur tête. Sa royauté s'est désagrégée.

Les déserteurs finissent par prendre "la fuite tous ensemble en tirant vers l'habitation" (p.222). Cette unanimité, pour un peu, retrouverait la "concorde admirable" qui préexistait aux efforts de Cleveland et qui se réformerait maintenant à ses dépens. Le législateur, nous l'avons vu, s'y fiait si peu qu'il se croyait obligé de la refonder; que le texte, jusqu'à la fin, n'ait pas un mot pour indiquer que le retour des Abaquis est, de leur point de vue, la seule réponse raisonnable à l'épidémie montre une dernière fois qu'il est peu porté à recon-

---

naissance en expirant. C'en fut assez pour me faire prendre la résolution d'attendre à partir jusqu'à ce que la maladie les eût emportés tous, et de continuer à leur rendre tous les bons offices qui étaient en mon pouvoir." (p.223)

naître, dans toutes les acceptions du terme, un bon sens social immédiatement partagé.

La superstition et la peur

Les Nopandes tiendraient leurs lois d'un sauvage à l'humeur voyageuse, qui aurait séjourné pendant quelque temps dans une colonie espagnole. A son retour, il aurait "entrepri(s) de (...) faire changer (ses compatriotes) de vie et d'inclinations". L'entreprise "remonterait fort près de la première découverte des Indes" (p.546); comme l'intrigue de *Cleveland* se situe vers le milieu du XVIIème siècle, nous visitons cette fois, à la faveur d'un nouveau récit intercalé, une cité où les sages institutions du législateur ont eu largement le temps de dégénérer. L'image qui en résulte n'est pas uniment négative, loin de là. Les Nopandes apparaissent d'abord et essentiellement comme

> une société de gens simples, qui ne connaissent point d'autres biens que ceux de la nature, et qui ne se proposent pour but que de mener une vie tranquille sous la conduite d'un maître aussi simple qu'eux; instruits néanmoins de plusieurs de nos usages par un hasard dont ils ont su profiter, et assez heureux pour avoir établi sur ce fondement une sorte de politesse et d'agrément dans leur commerce. (p.545)

Cela se ramène à une variante sobre et tant soit peu primitiviste de l'utopie. Le "hasard" n'est bien entendu rien d'autre que l'oeuvre du législateur, qui s'est montré d'ailleurs assez fidèle aux traditions du genre pour installer sa cité idéale dans un terrain clos:

> Le terrain qu'ils habitaient était défendu dans quelques endroits par des murs, et dans d'autres par des montagnes et par des lacs. (p.551)

La narratrice de l'épisode, Mme Riding, découvre ce lieu clos lorsqu'après plus d'un an d'errance dans un désert qui semble absolument solitaire[12], elle s'aperçoit que "deux montagnes qui termin(e)nt l'horizon" sont réunies par "un mur fort élevé", qui ne peut être qu'un "ouvrage de la main des hommes" (p.543)...

---

[12] Il sera question, dans l'épisode même, des relations des Nopandes avec leurs voisins plus sauvages; admettons que Mme Riding a eu la chance de ne pas les rencontrer sur son chemin...

La débâcle des utopies

L'utopie nopande se singularise surtout par ses bizarreries religieuses. Le législateur s'est inspiré là aussi de son exemple espagnol. Ses pupilles se sont montrés très dociles, très portés aussi à transmettre ses leçons de génération en génération; ils n'ont pas tardé à en oublier à peu près complètement le sens. Leur religion s'organise donc autour d'une

> figure aussi vénérable par la grandeur de sa fraise que par la blancheur de ses cheveux et de sa barbe. Ils l'adoraient comme le dieu unique et tout-puissant, quoiqu'il fut accompagné sur ses autels de deux autres figures auxquelles ils donnaient le nom de ses enfants.

Mme Riding reconnaît

> aisément dans ces traces grossières de notre foi, les trois personnes qui composent l'essence divine. Mais l'idée de spiritualité s'étant perdue sans doute par la longueur du temps, ils ne portaient pas leur connaissance au-delà de ses représentations. (p.550)

Les images sont donc devenues des idoles, identifiées sans reste avec la divinité elle-même. Les Nopandes ont bien assez d'esprit pour se rendre compte que leurs "statues presque informes" ne présentent "aucune marque de pensée ni de mouvement"; ils concluent pieusement qu'il y a là "un mystère (...) qu'il (n'est) pas permis à la raison d'approfondir". Leur au-delà se réduit de même à "un changement de forme, auquel ils donnaient le nom de résurrection" sans y attacher des idées très précises. Leurs dévotions quotidiennes s'adressent à d'autres statuettes, qui abondent dans toutes les maisons; les Nopandes ont accoutumé de les "baiser affectueusement" et expliquent que "ces petites statues" sont

> autant de saints qui avaient mérité des récompenses, et dont le bonheur consistait à être baisés et caressés continuellement. (p.550)

Cleveland avait donc eté bien avisé de se contenter pour ses Abaquis d'un minimum déiste. Le législateur Nopande était pour sa part un sauvage de bonne volonté, qui pouvait ne pas tout à fait se rendre compte des risques de ses emprunts trop zélès. Mme Riding se demande même un bref moment si certaines faiblesses ne tiendraient pas à ce départ insuffisant: les altérations seraient si nombreuses

La superstition et la peur

soit que le temps seul eût été capable de produire ce changement, soit que le zèle du fondateur eût manqué de lumières. (p.547)

Ce soupçon fort inhabituel dans la tradition utopique pourrait bien viser obliquement la cible secrète de tant de détails grotesques. *Cleveland*, rappelons-le encore une fois, se veut un roman édifiant, mais tient aussi à professer une religion éclairée. Pour qu'elle pût coïncider au dénouement avec la tradition révélée, il fallait que Prévost se dédouane auparavant par la satire d'une version superstitieuse du christianisme. Du point de vue d'un croyant raisonnable, anglican voire catholique gallican, les Nopandes ne sont toujours qu'une caricature un peu appuyée d'outrances baroques qu'on estime, pardevers soi, tout aussi présentes dans leur modèle espagnol.

Parmi ces déformations, il en est une qui est près de trouver grâce. Un des rochers qui borde le territoire nopande est flanqué, à l'intérieur de l'enceinte apparemment, d'un "affreux précipice dans lequel on ne pouvait descendre que par une voie étroite et escarpée (...) bouchée", comme on s'en doute, "par un mur fort épais". Ce lieu clos "se nomm(e) l'enfer" et est desservi par des ministres qui "port(e)nt le nom de diables" (p.551). Ils y entretiennent un feu perpétuel destiné à brûler les condamnés à mort. Le code pénal nopande ne connaît que cette peine, réservée au demeurant aux crimes les plus graves:

> Il y en avait peu qui fussent jugés dignes d'un châtiment si terrible. C'étaient seulement ceux qui blessaient la majesté divine, l'autorité du prince et la sûreté publique. Ainsi, la profanation, le parjure et le blasphème; la révolte et la trahison; le meurtre, le vol et la calomnie passaient pour les seuls attentats qui méritassent l'enfer. (p.551)

L'idée doit venir là encore du modèle espagnol, où l'Inquisition et ses *sanbenito* agrémentés de diablotins mimaient elles aussi les peines infernales. La simplicité nopande durcit la caricature en assimilant directement prêtres et diables. Mme Riding, qui plus est, n'a

> jamais pu démêler, dans les explications des Nopandes, s'ils regardaient ce supplice comme une simple image du châtiment qui attend le crime après la vie, ou s'ils croyaient effectivement que c'était l'enfer même qui se trouvait dans l'enceinte de leurs murs. Leurs idées avaient les mêmes bornes que leur sens. (p.551)

La débâcle des utopies

Cela ne ferait qu'une aberration superstitieuse de plus si le texte, au travers de ces ironies, ne faisait preuve d'une évidente admiration pour cet "appareil redoutable", qui ferait plutôt honneur à la sagacité du législateur sauvage. Une institution si "propre à soutenir l'ordre qu'il avait établi" engage à "prendre une assez haute idée de sa prudence" (p.550) et indiquerait, avantage décisif,

> qu'il était entré plus de politique que de superstition dans la plupart de ces établissements. (p.551)

Tant d'insistance indique qu'ici encore la cité utopique n'est assurée de tenir qu'en se fondant sur la crainte. Il est même assez inquiétant que la liste des "seuls attentats" passibles de la peine capitale semble plutôt longue. "La calomnie et le vol" appelleraient, même pour une sensibilité d'Ancien Régime, des châtiments plus mesurés; pour un peu, il n'y aurait ici que le viol et l'adultère qui échapperaient à la sanction suprême!

L'effet d'intimidation joue aussi au-dehors, "tous les sauvages voisins trembl(e)nt au seul nom de l'enfer" (p.551). Les Nopandes entretiennent cette crainte en le mettant gracieusement à leur disposition; Mme Riding a

> vu plusieurs fois ces barbares amener leurs criminels au prince des Nopandes, lui exposer leurs crimes et les abandonner à sa justice. Il consentait à se charger de leur punition, autant pour l'exemple de ses propres sujets que pour la terreur de ses voisins. (p.551)

Il va sans dire qu'"exemple" et "terreur" sont ici des quasi synonymes. Le prince veille à ce que ses bons et loyaux sujets reçoivent régulièrement leur ration d'exemples terrifiants. Les "barbares" du dehors ont droit à une démonstration supplémentaire. "Tous les ans, au milieu de l'automne", "un détachement considérable" de chasseurs sort des murs de la cité pour aller faire pendant trois semaines "la guerre aux bêtes sauvages". Cette partie de chasse varie opportunément l'ordinaire de l'hiver; il s'agit aussi

> de se soutenir dans une certaine réputation de force et d'adresse parmi les sauvages voisins. (p.552)

Mme Riding ni les Nopandes n'imaginent qu'on pourrait aussi chercher à s'entendre à l'amiable avec ces voisins.

***

La superstition et la peur

Les utopies de Prévost sont-elles vraiment plus autoritaires que les classiques du genre? La différence serait plutôt qu'elles se soucient très explicitement du maintien de leurs autorités: il faut désormais des contraintes menaçantes pour amener les habitants des cités idéales, pourtant heureux presque par définition, à rester ensemble. La force seule fait leur union. La colonie rocheloise comme le jeune royaume abaqui dépérissent aux dernières pages de leurs épisodes respectifs. Si on ne nous dit rien de tel de la cité nopande, force est de constater qu'elle donne à voir surtout une usure apparemment irréversible; il fallait bien lui accorder certaine durée pour y inscrire sa dégénérescence.

Cette fragilité secrète transparaît aussi dans une autre singularité commune de nos trois épisodes. Les trois narrateurs se montrent remarquablement pressés de quitter au plus vite les paradis qui les accueillent. Départ certes impérieusement requis par les nécessités de la narration: les utopies sont toujours des lieux qu'on quitte puisque le voyageur qui en témoigne doit rejoindre d'abord le commun des mortels. Qui s'y établirait définitivement serait par la force des choses coupé du public. Reste que ce départ indispensable est généralement amené par des motivations anodines: les capitaines tiennent à achever leurs périples, les naufragés cèdent au mal du pays... Nos trois narrateurs ne pensent au contraire qu'à s'éloigner au plus vite; partir c'est revivre un peu.

La chose vaut à la lettre pour Bridge, qui fuit une condamnation à mort; je note pourtant que, prenant ses distances dès la première annonce de la cérémonie du sort, il commence presque au lendemain de son arrivée "à craindre de ne pas trouver dans l'île tout le bonheur qu'on (lui) promettait" (p.107). Cleveland est d'abord tout heureux d'être recueilli chez les Abaquis; la situation se corse quand il y devient tellement populaire que ses hôtes refusent de le laisser partir. Milord Axminster, qui tient à aller poursuivre sa mission politique, obtient une escorte à l'expresse condition qu'il laissera sa fille et son gendre chez leurs nouveaux amis. "Cette espèce de captivité" (p.193) pèse à tout le monde; Cleveland y réfléchit à deux fois avant d'accepter la royauté qu'on lui offre:

> A juger de l'avenir par ce qui nous était arrivé, nous devions nous attendre qu'il ne nous serait jamais facile de sortir de leurs mains, et les difficultés ne pouvaient manquer de croître à mesure que leur attachement augmenterait. (p.193)

La débâcle des utopies

Ses réformes mêmes sont toujours pensées dans la perspective d'un départ imminent[13] -pour lequel il n'attend en fait que l'accouchement de Fanny.

L'épisode nopande est presque dominé par cette préoccupation. Mme Riding est chargée de la petite Cecile, qu'elle tient à ramener à ses parents. Projet hasardeux puisqu'elle a été séparée d'eux à un moment où ils se trouvaient tous prisonniers de quelques bandes d'anthropophages; cet espoir éloigné la détourne pourtant de trop s'engager avec ses hôtes:

> Je n'avais pas oublié ce qu'il nous en avait coûté chez les Abaquis pour obtenir de ce bon peuple la liberté de les quitter. Ce souvenir me fais(ait) craindre de former trop aisément les mêmes liens chez les Nopandes. (p.547)

Mme Riding pourrait leur être très utile: sa supériorité d'Européenne lui fait une belle popularité, le prince lui offre de "gouverner souverainement sous ses ordres". Elle s'en dispense non sans quelques déchirements de conscience, mais recule devant

> le danger inévitable de ne jamais sortir de leurs mains si (elle s)e rendai(t) trop nécessaire à leur instruction. (p.550)

Le problème se complique encore quand le fils aîné du prince tombe, malgré la différence des âges, amoureux de la petite Cecile; tout le monde s'attend dès lors à la voir règner un jour. Mme Riding en profite pour entraîner le jeune homme dans une folle entreprise. Au moment des grandes chasses d'automne, il s'échappe avec une vingtaine d'affidés et se lance, avec Mme Riding et Cecile, à la recherche de Cleveland! Ce "projet téméraire" (p.553) aboutit au moins à amener Mme Riding au bord de la mer. Elle s'y fait recueillir dans le premier vaisseau européen qui passe à sa portée -en se résignant, au prix de quelques nouveaux déchirements, à abandonner le prince et son escorte à leur sort...

---

[13] Cleveland se hâte d'établir une manière de sénat, "un souverain tribunal" auquel il veut "laisser toute (s)on autorité lorsqu('il) quitterai(t) la nation" (p.201). Il se contente d'une religion sommaire parce qu'il n'aura "pas toujours à vivre avec eux" (p.210) et qu'il faut donc pourvoir au plus pressé. Il se résout à diriger une seule expédition de sa petite armée parce qu'il estime que ce serait "un extrême avantage pour eux d'humilier les Rouintons avant (s)on départ et d'ôter une fois pour toujours à cette barbare nation l'envie et le pouvoir même de les inquiéter" (p.213)...

La superstition et la peur

Prévost introduit trois épisodes utopiques pour accentuer sa note philosophique. Ses sociétés idéales s'avèrent à chaque fois décevantes. Gilbert Chinard notait déjà, dans son étude classique sur *Le rêve exotique*, cette

> chose étrange et qui dénote une sorte de pessimisme social chez Prévost, aucune de ces sociétés qu'il nous convie tout d'abord à admirer, ne peut rester parfaite, elle dégénère dans un temps très court.[14]

Comment comprendre ce "pessimisme"[15]? La première explication qui s'impose serait que Prévost se trouve ouvrir ainsi, peut-être sans trop s'en rendre compte, les voies de ce qui s'appellera plus tard l'anti-utopie. Selon les thèses les plus courantes à ce sujet, l'anti-utopie naît des inquiétudes grandissantes devant la toute-puissance pareillement de plus en plus envahissante des états modernes. Les contemporains de More et de Campanella s'extasiaient sans arrière-pensées devant les arrangements ingénieux de leurs cités idéales. C'est qu'il s'agissait de toute évidence de fictions, qui pouvaient sans doute inspirer quelques bonnes idées à l'homme d'état avisé, mais qui n'en restaient pas moins chimériques. Les pouvoirs réels de l'époque, fussent-ils le fait de rois "absolus", restaient faibles et intermittents, gênés partout par un enchevêtrement de traditions et de droits différents qui s'opposaient à toutes *nouveautés*. L'état moderne, même s'il est démocratique ou au service du Peuple, exerce une prise bien plus forte sur la vie quotidienne de ses sujets; les ingérences détaillées de l'utopie deviennent inquiétantes de paraître moins fantaisistes. Ecoutons Bertrand de Jouvenel:

> Les règles des républiques idéales (ont) pu enchanter nos aieux lorsque c'étaient fantaisies manifestement irréalisables. Plus attentifs à ces nuées rapprochées, nous y cherchons la liberté, nous ne la trouvons point.[16]

---

[14] Gilbert Chinard, *L'Amérique et le rêve exotique*, p.299.

[15] Notons au passage qu'il se prolonge, au-delà de *Cleveland*, dans l'épisode maniote *des Mémoires pour servir à l'histoire de l'ordre de Malte*. Devenu roi d'une peuplade grecque qui habite un coin très arriéré du Péloponnèse, le commandeur Junius, après quelques très vagues velléités réformatrices, y cherche surtout à se soustraire par la fuite à des pressions de plus en plus indiscrètes. Cf. à ce sujet une belle étude de Christelle Brun, 'De Fénelon à Prévost: *La Jeunesse du Commandeur* (1741) et *Les aventures de Télémaque*'.

[16] Bertrand de Jouvenel, *Du pouvoir*, p.226.

La débâcle des utopies

Il n'est pas sûr du tout, je crois, que Prévost partage déjà cette réserve. Ses trois utopies restent globalement étrangères aux technologies et aux administrations raffinées de l'état moderne. L'épisode rochelois s'en rapprocherait encore le plus. Il s'agit bien là d'un ordre trop autoritaire, même si son emprise est assurée surtout, de façon très peu sophistiquée, par la curiosité de ses "vieillards soupçonneux qui n'avaient point d'autre occupation que d'observer (la) conduite" (p.118) des jeunes. Cleveland, par contre, tient lui-même l'emploi du législateur, Mme Riding loue celui des Nopandes d'avoir soigné tout ce qui pouvait "contribuer particulièrement au bon ordre de la société et au maintien de l'autorité souveraine" (p.551). Le pouvoir, dans ces deux épisodes, est si peu dénoncé qu'il ferait plutôt figure, soit dit sans jeu de mots, de remède souverain.

Ce remède, qui plus est, ne semble pas durablement efficace. Les utopies prévostiennes ne tardent pas, chacune à sa manière, à se retrouver en état de désaggrégation. Cela aussi les éloigne des anti-utopies modernes, dont l'horreur est précisément d'être constamment au-dessus de toutes atteintes. Les dystopies les plus connues, *1984* ou *Le meilleur des mondes*, racontent pour l'essentiel une révolte qui échoue; l'échec démontre la terrible omniprésence de leur ordre tentaculaire.

Les cités fragiles de Prévost ne vont pas encore au-devant de ce genre d'angoisses. Le romancier, à chaque épisode, admire dûment, comme les traditions d'Utopie l'y obligent, quelques belles et sages institutions. Les problèmes qui se profilent autour ne concernent peut-être pas l'inspiration utopique telle qu'en elle-même. Comme ces trois épisodes sont aussi les seuls où le roman s'élargit jusqu'à englober l'ensemble d'une scène sociale, je croirais volontiers qu'ils enregistrent un relâchement du lien social le plus général.

Risquons-nous donc à compléter l'intuition de Bertrand de Jouvenel. Les utopies de facture classique ne gênaient personne parce que leurs autorités restaient manifestement fantaisistes. Il convient peut-être d'ajouter qu'elles s'adressaient aussi à un public d'Ancien Régime, qui était instinctivement porté à se plier aux coutumes ambiantes et qui admettait donc sans trop de mal que les habitants des cités idéales, qui avaient la chance de trouver établies des règles d'une parfaite sagesse, en feraient volontiers autant. Les théoriciens de l'utopie insistent en règle générale sur la foncière modernité du genre; ils ont raison de le faire puisque l'utopie exprime un assurance constructiviste, le ferme dessein de créer l'ordre social sur de nouvelles bases plutôt que de le reproduire. Ce sont ambitions typiquement modernes. N'empêche que ce *social engineeering* y réussit si bien parce que le genre présuppose par ailleurs un sens de l'alignement

La superstition et la peur

et de l'insertion qui a pu être, sous l'Ancien Régime, la chose du monde pour de bon la mieux partagée.

Prévost appréhenderait en ce cas que cette évidence n'est plus vraiment acquise. Ses législateurs inventent des dispositifs autoritaires parce qu'ils ne comptent plus sur l'adhésion spontanée de leurs sujets. L'autoritarisme que nous discernons en filigrane dans la plupart des utopies traditionnelles paraissait peut-être peu nocif parce qu'on estimait qu'il n'aurait guère à s'exercer. Les Nopandes, pour leur part, donnent toujours l'impression d'être de bonnes gens fort inoffensives; leur prince préfère pourtant, "pour l'exemple de son (…) peuple" (p.551), ouvrir son enfer aux sauvages voisins plutôt que de le laisser chômer.

Cleveland apprend le départ de Fanny

Impossibles solitudes

Avant d'arriver chez les Nopandes, Mme Riding erre pendant près d'un an à travers les déserts du Nouveau Monde. Elle est parfois tentée d'y rester:

> Je m'accoutumai tellement à cette vie sauvage que, lassée de mes courses et charmée de certains lieux où la nature m'offrait ainsi tout ce qui convenait à mes nécessités présentes, j'aurais pris aisément le parti d'y fixer pour jamais mes pas et mes désirs. (p.542)

Elle résiste à la tentation parce qu'elle se sent tenue de faire tout son possible pour ramener la petite Cecile à ses parents. Ce n'est d'ailleurs pas la première fois qu'elle rêve de s'éloigner à jamais de la société des hommes. Aux toutes premières pages du roman, Mme Riding recommande à la mère de Bridge de se réfugier dans les souterrains de Rumney Hole pour se soustraire aux fureurs de Cromwell; peu s'en faut qu'elle ne les y rejoigne:

> N'ayant jamais trouvé beaucoup d'agrément dans la société des hommes, il ne tint presque à rien que je ne prisse le parti de m'y renfermer aussi. (p.29)

Elle y renonce cette fois-là parce que sa disparition attirerait trop l'attention et risquerait donc de mettre le tyran sur les traces de ses victimes...

Les Abaquis, pour leur part, sembleraient bénéficier par instants, avant l'intervention civilisatrice de Cleveland, de l'isolement heureux que Mme Riding s'interdit. On se souvient comment Cleveland s'étonne que "l'indépendance où ils étaient les uns à l'égard des autres" suffit apparemment pour que "les querelles et les divisions (rest)ent presque inouies parmi eux" (p.200). Il admire de même qu'ils aient le bon goût d'adorer le soleil "sans s'assujettir à aucune méthode et sans s'assembler même jamais pour cela" (p.196). Notations paradoxales, qui, à se faire plus insistantes, annuleraient presque la sauvagerie que Cleveland se donne pour mission de réformer; leur affleurement incident indique une pente secrète.

Les projets de solitude de Mme Riding restent velléitaires et n'ont aucun impact sur la suite; l'isolement heureux des Abaquis compromettrait plutôt le propos utopique de l'épisode. On s'en voudrait de surestimer des notations si fugitives; n'empêche qu'elles attestent à leur manière certain goût de la solitude qui

Impossibles solitudes

serait, à l'arrière-plan de notre roman, assez irrépressible pour affleurer quelquefois en des contextes où il paraît plutôt inopportun.

L'idée consonnerait assez avec les conclusions des deux chapitres qu'on vient de lire; le fait est que ceux-ci paraissent, à y réfléchir, à leur manière marginaux. La référence au ciel, pour un peu, serait un tic lexical, un automatisme du style noble plutôt qu'une véritable thématique. Les épisodes utopiques, de leur côté, restent, précisément, épisodiques, foncièrement étrangers au dessin global de la fable racontée. Aussi dirais-je volontiers que ces à-côté jalonnent une perspective qui, plutôt qu'une chimère secrète, figurerait la hantise la plus incontournable de *Cleveland*. La solitude, ici, n'est jamais très loin, bien des pentes et des penchants y mènent. Le roman chercherait toutefois, fût-ce avec bien des intermittences et de façon parfois fort laborieuse, à y échapper.

Le solitaire de Serrene

Nous aurons bien sûr à reformuler cette hypothèse. Avant d'y tâcher, j'aimerais gloser encore deux épisodes où ce goût mitigé et pour finir réticent de la sécession s'inscrit avec une netteté particulière. Le premier épisode s'annonce, là encore, comme une digression:

> Il m'arriva, avant la fin de cette année, de prendre part à une aventure si extraordinaire qu'elle mérite bien que j'interrompe un moment le récit des miennes pour la faire servir d'ornement à mon histoire. C'est un délassement qui sera agréable à mes lecteurs. (p.244)

A la différence des épisodes utopiques, qui étayaient une ambition philosophique, il s'agirait ici d'un simple "délassement", autant dire d'un tiroir. L'Homme de Qualité, dans le premier roman de Prévost, recueillait ainsi toutes les anecdotes singulières qui passaient à sa portée. Cleveland se montre d'habitude moins disponible -et tarde peu à préciser que l'"aventure extraordinaire" pour laquelle il interrompt par exception le récit de ses propres tribulations l'intéresse de façon très personnelle. Il ne s'agit d'ailleurs pas tout à fait d'une rencontre fortuite: Cleveland apprend par hasard que la petite île de Serrane sert de retraite à un solitaire et s'y précipite aussitôt pour en savoir plus long. Empressement qui déborde la simple curiosité puisqu'il s'agit de découvrir une âme-sœur:

> Voilà, disais-je, un homme que j'aimerais infailliblement si j'étais assez heureux pour le connaître. Il m'aimerait aussi (...). Je n'ai plus d'ami. Qui m'empêche de chercher à m'en faire un d'une personne dont

Le solitaire de Serrane

l'humeur et les principes me paraissent s'accorder entièrement avec les miens? (p.245)

On savait depuis Salluste que les aspirations partagées, *idem velle atque idem nolle*, font le ciment le plus solide de la *firma amicitia*[1]. Cleveland rêve, de façon tant soit peu paradoxale, d'une parfaite amitié fondée sur le goût commun de la solitude. Sa ferveur prouve à la fois que ce goût est bien un enjeu central du roman et qu'il reste impensable de s'y identifier sans réserve. Cleveland, à ce stade du récit, réside avec Fanny chez le grand-père de celle-ci, qui est gouverneur de l'île de Cube et ne demanderait pas mieux que de garder indéfiniment le jeune ménage chez lui. Le roman, à la rigueur, pourrait se terminer dans ce havre et opterait alors pour une manière de solitude à deux au bout du monde. Cleveland avoue qu'il ne se sent capable d'en savourer les délices qu'en les agrémentant d'un compagnonnage:

> Ecoute-moi, chère Fanny, et comprends si tu peux cette énigme-là: tu me rends heureux, ma chère amie; mais pour sentir tout le bonheur que je goûte avec toi, il faut que j'aie quelqu'un qui ne soit pas toi, non seulement à qui je puisse le dire, mais en qui j'aie assez de confiance pour le dire avec goût, et qui m'aime assez pour trouver du plaisir à l'entendre. (p.246)

Cleveland, malheureusement, tarde peu à découvrir que le solitaire de Serrane ne mérite pas sa "confiance". Il se trouve porter un nom célèbre: il s'agit du général Lambert, une des âmes damnées de Cromwell[2] qui avait même failli lui succéder comme Protecteur et que Charles II restauré avait relégué dans l'île de Guernesey. Cela lui fait ici, toutes proportions gardées, un passé de criminel de guerre; Cleveland ne le ménage pas:

> Lambert, lui dis-je d'un ton ferme, vous avez manqué de prudence. Votre intérêt demande que vous cachiez soigneusement votre nom, qui n'est propre qu'à inspirer de l'horreur à tous ceux qui vous connaîtront.

---

[1] Salluste, *La conjuration de Catilina*, XX,4.

[2] Peu importe ici que l'histoire n'entérine pas trop ce profil. Le vrai Lambert aurait été plutôt un ambitieux assez inconséquent, "prêt à oublier sa foi selon le besoin de sa fortune plutôt que perfide avec préméditation" (Guizot, *Histoire de la Révolution d'Angleterre*, p.913).

Impossibles solitudes

> Croyez-moi, il est de mauvaise grâce de se plaindre des hommes et de les traiter de perfides lorsqu'on a vos crimes à se reprocher. (p.251)

Lambert n'a pas tort de ce sentir froissé par ce ton, peu élégant devant un homme "seul et sans armes" (p.251). Toujours est-il que le lecteur, même s'il ne partage plus les passions politiques du narrateur, ne saurait guère compatir avec le personnage. Lambert se plaint d'avoir rencontré d'infinies ingratitudes; son énumération s'attarde moins à ses deceptions politiques qu'à l'humiliation suprême, de nature sentimentale, qui les aurait suivies. Il finit en effet par s'éprendre d'une jeune créole et par la suivre dans sa St.Domingue natale; il apprend sur place qu'elle l'avait agréé dans la seule vue de ce retour. Ses frères, qui semblent agir en plein accord avec elle, organisent un guet-apens "pour enterrer avec (lui) les aventures de leur soeur et le déshonneur de leur famille" (p.249), puis renoncent à ce meurtre en l'installant de force sur le premier navire en partance pour l'Europe. C'est à ce moment que, poussé par "la honte et le désespoir d'avoir été trompé si indignement" (p.250), il préfère se faire débarquer sur son île déserte. L'indignité dont il se plaint paraît moins inouïe quand on pense que la créole avait d'abord jeté son dévolu sur un ami de Lambert; le général s'était du coup félicité d'avoir su triompher d'un premier amour...

Le solitaire que Cleveland avait cru et espéré si proche se trouve être un monstre. Ce n'est pas sa seule surprise; avant même de se raconter, Lambert commence par prier Cleveland de le ramener parmi les hommes:

> Les justes sujets que j'ai de haïr les hommes ne peuvent l'emporter sur le fond de tristesse et d'ennui qui ne m'abandonne point ici nuit et jour. Je veux quitter l'île, et retourner en Europe. (p.247)

Cleveland, après les quelques propos très durs qu'on vient de voir, consent de suite à sa demande. Lambert est d'abord assez furieux, "prêt à crever de rage" (p.251), pour refuser un bienfait offert sur ce ton; il se ravise pour profiter d'une occasion qui risque de ne plus se reproduire.

Risque d'autant plus réel que Serrane fait une escale peu abordable. Les personnages de Prévost, en règle générale, parcourent le monde sans le voir dans sa diversité. On n'est pas plus abstrait, pas moins exotique que les épisodes américains de *Cleveland*. Serrane fait un instant exception à cette règle. Le narrateur s'y intéresse à quelques phénomènes naturels fort inquiétants: des navires ont vu des "tourbillons de flammes" (p.246), une expédition découvre une solfatare, qui fait même quelques victimes. Quatre matelots assez courageux ou assez téméraires pour creuser les sables brûlants voient la terre s'ouvrir sous leurs pieds; leurs compagons

> se trouvèrent comme étourdis et enivrés, soit que ce fût un effet de la vapeur ou de quelque autre cause: de sorte qu'ils eurent beaucoup de peine à gagner le rivage. Ils souffrirent même des douleurs très aigues dans tous leurs membres en s'éloignant de l'île; et ce ne fut qu'après quelques jours de repos qu'ils furent entièrement rétablis. (p.247)

Cleveland s'enquiert à son tour de ces prodiges et leur découvre une explication naturelle, "un fond de terroir gras et bitumineux" que "le feu du ciel" ou quelque "chaleur intestine"(p.252) allumeraient régulièrement. Comme le roman ne nous avait pas habitués à ce genre de curiosités et que la suite n'y retournera guère plus, l'idée s'impose que le hapax charrie aussi[3] certain symbolisme. Tout se passe comme si l'île du solitaire figurait l'enfer de *Cleveland*.

Le suicide mal refusé
Au sortir de cet enfer, Cleveland est enchanté[4] de pouvoir accueillir d'autres amis, de vieilles connaissances celles-là et qui paraissent donc mériter toute sa confiance. C'est à ce moment précis que Gelin devenu veuf, Bridge et son épouse Angélique, puis Mme Lallin rejoignent tour à tour La Havane. Cette réunion imprévue devrait faire le bonheur de tout ce petit monde. Elle tourne très mal puisque Gelin s'éprend de Fanny et espère l'amener à ses fins en la convainquant que Cleveland lui avait toujours préféré Mme Lallin. Ce mensonge, qui réveille de très vieilles méfiances, ne suffit pourtant pas pour détourner l'épouse de son devoir. Quand le tentateur insinue que Cleveland compte la répudier pour convoler avec sa rivale, Fanny accepte de s'enfuir pour s'épargner ce spectacle trop humiliant; Gelin se charge généreusement de guider sa fuite...

Cleveland, qui n'a jamais pensé à mal et n'a pas plus deviné les chagrins de Fanny, se croit abandonné pour des motifs trop évidents et traverse alors sa période la plus sombre. Installé finalement à Saumur, où il n'est plus entouré

---

[3] Le narrateur précise avec une belle modestie que sa découverte "explique du moins en partie" les phénomènes notés par ses prédécesseurs; c'est dire aussi qu'elle n'épuise pas le mystère. De même, il est à peine besoin de souligner que la référence au "feu du ciel" ou à une "chaleur venue de quelque cause intestine" (p.252) se prête à toutes les dérives.

[4] Cf.: "j'acquérais, sans m'y être attendu, ce que je désirais avec tant d'ardeur, et ce que je venais de chercher inutilement à Serrane..." (p.256)

Impossibles solitudes

que de ses deux enfants, de Mme Lallin et de la veuve de Bridge, il s'y réfugie dans une solitude à peine moins farouche que celle du général Lambert:

> Mon unique occupation pendant sept ou huit jours fut de me promener seul dans un assez grand jardin qui appartenait à ma maison et de m'y ensevelir dans un abîme de méditations sombres et funestes. Madame Lallin et ma belle-soeur marquaient beaucoup d'inquiétude pour ma santé et d'attention sur toutes mes démarches; mais je leur fis connaître que leurs soins me gênaient, et j'exigeai absolument qu'elles n'interrompissent point mes profondes rêveries et ma solitude. (p.288)

Ses chagrins paraissent alors si incurables qu'il pense très sérieusement à y mettre un terme par le suicide. L'épisode retrouve une perspective assez habituelle, les protagonistes du roman héroïque envisagent volontiers les recours extrêmes; dans *L'Astrée*, dix personnages au moins envisagent à un moment ou un autre, et sans que le texte s'en étonne jamais outre mesure, de mettre un terme à leurs jours[5]. Cleveland, pour sa part, pense mûrement sa décision; sa longue délibération contribue à la couleur philosophique du roman et accentue aussi -il s'agit à cette date de la même insistance- sa couleur anglaise[6]. Prévost s'étonne d'ailleurs un instant que les longs voyages n'aient pas suffi pour soustraire son personnage à cette tentation " plus commun(e) parmi les Anglais que parmi les autres peuples de l'Europe" (p.288); cela paraît d'autant plus surprenant que Cleveland, à ce moment, se

> trouv(e) en France, où l'air est si pur que nos Anglais le vont prendre pour remède contre cette noire disposition de l'âme. (p.288)

Les arguments de Cleveland, dans ce débat qui traînait depuis des siècles, auraient du mal à être neufs; ils reprennent même quelques précédents illustres. Caton, Démosthène, Mithridate, Marc-Antoine... garantissent la foncière innocence de sa décision. Le seul argument vraiment élaboré revendique pourtant un droit à l'exception. Cleveland admet alors que l'homme est communément tenu

---

[5] Pour plus de détails à ce sujet, cf. mon étude '*L'Astrée* ou la discrétion de la mort apprivoisée', pp.37-43.
[6] Cf., pour un panorama rapide, Georges Minois, *Histoire du suicide. La société occidentale face à la mort volontaire*, pp.211-45 (chap.VIII "Naissance de la maladie anglaise")

Le suicide mal refusé

à respecter le décret du Ciel qui fixe la durée de sa vie, mais estime que ses souffrances inouïes lui valent, à lui en particulier, une permission d'En-Haut:

> (Le Ciel) a marqué la durée de mes jours; je viole ses ordres si j'en précipite la fin. Oui, répondis-je après une longue méditation, je les viole sans doute, si je suis persuadé qu'ils subsistent autant que je le suis qu'il les a portés: mais s'il les a changés lui-même, ou du moins s'il les interprète autrement pour moi que pour le commun des hommes, dois-je moins de respect à ses dernières volontés que je n'en devais aux premières? En permettant que je sois tombé dans l'extrémité de l'infortune et de la douleur, il m'a excepté du nombre de ceux qu'il condamne à vivre longtemps. (pp.290-91)

Les suicidants de la Romancie oubliaient volontiers les interdits des religions traditionnelles; Cleveland les enfreint en connaissance de cause, ses chagrins l'exemptent d'une loi qui obligerait seulement "le commun des hommes". Aussi ne se sent-il "coupable de rien à l'égard du ciel" (p.290).

Le narrateur n'avoue plus ces propos, qui seraient plutôt les divagations d'un esprit momentanément aliéné: "le désordre de (s)es humeurs avait corrompu (s)a raison" (p.289). On peut présumer que le converti qui rédige ses mémoires y reconnaît aussi la faiblesse congéniale d'une raison réduite à ses seules forces naturelles; le hasard qui le sort de cette "altération extraordinaire" (p.289) est salué comme un "miracle" (p.290). Lui-même y est pour si peu qu'au moment où l'arrivée inopinée de ses deux fils l'oblige d'abord à différer son geste, il envisage un bref instant, avant de fléchir, de les entraîner dans la mort. Cette velléité horrible, "une de plus affreuses pensées qui soient jamais tombés dans l'esprit humain" (p.291)[7], souligne une dernière fois que nous avons bien affaire à un épisode de folie; elle pourrait chercher aussi à dissimuler, sous un suspense pathétique, l'absence de toute véritable conclusion. Sous le regard inquiet et apeuré de ses enfants, Cleveland sent fléchir son assurance....

Cleveland refuse le suicide, mais ne cherche ou ne réussit pas à le condamner. Les raisonnements "philosophiques" y réfutent des objections traditionnelles et débouchent, sinon certes sur une apologie de la mort volontaire, du moins sur sa légitimité. Légitimité, sans doute, qui autorise plutôt un cas excep-

---

[7] Cf. à ce sujet un très bel article d'Yvan Salaün, *Folie et infanticide dans le roman sensible*.

Impossibles solitudes

tionnel qu'elle ne vaudrait pour "le commun des hommes"; il reste toujours que Cleveland, dans ce qu'il croit être sa dernière prière, n'implore aucun pardon:

> Auteur de mon être, ajoutai-je en fermant les yeux, et en faisant comme un effort pour me replier sur moi-même, prends pitié de ta créature, et dirige mes premiers pas dans l'obscurité où je vais entrer. Tu es partout; mon âme ne saurait manquer de tomber dans ton sein. (p.290)

Quarante ans avant *Werther*, Cleveland est déjà un suicidant qui ne doute pas de son salut[8].

Evitons pourtant de rien surestimer. Que Cleveland ne passe pas à l'acte, le contraire serait plus surprenant: le narrateur d'un roman-mémoires est par définition plus invulnérable qu'Achille[9]. Il est moins anodin que ce narrateur relate ici ses projets comme un accès de "la plus terrible et la plus dangereuse des maladies" (p.288); ses raisonnements, quelque cohérents qu'ils paraissent, seraient marqués au coin de la démence, gauchis par "le noir poison qui circulait dans (s)es veines et qui infectait (s)on âme" (p.291). *Cleveland*, en d'autres termes, justifie peut-être le suicide, mais ne cherche ou ne réussit pas à l'admettre.

L'attendrissement qui supplée l'argumentation défaillante ne suffit d'ailleurs pas tout de suite à emporter la balance. Cleveland, au moment crucial, décide seulement de ne rien précipiter et de réexaminer la question. Ses arguments avaient fait bonne figure; il leur oppose maintenant une manière d'axiome. S'il est vrai, comme il affirme l'avoir toujours cru, que "les mouvements (premiers) de la nature sont droits et appartiennent à l'ordre" (p.292), son émoi devant ses enfants suffirait à condamner ses noirs desseins. Le raisonnement, pour peu qu'on y réfléchit, paraît très fragile. On pourrait dire d'abord, à peser rigoureusement les choses, que son émoi disqualifie tout au plus le dessein d'emmener

---

[8] Dans *Mémoires et Aventures d'un Homme de Qualité*, une suicidante enceinte fait preuve, dans son ultime message, de la même assurance: "Adieu, je meurs contente. Le Ciel, qui ne punit que les crimes, aura pitié de mon âme" (*Oeuvres de Prévost I*, p.42). L'anecdote fait partie de l'*Histoire* intercalée du marquis de Rosambert, qui s'empresse, ausssitôt la lettre lue, de lui assurer une sépulture en terre bénie; c'est peut-être lui donner implicitement raison.

[9] Encore convient-il d'ajouter que ce genre de contraintes n'est jamais incontournable. *Les Souffrances du jeune Werther* se présentent comme un roman épistolaire monodique; pour raconter le suicide de son unique épistolier, Goethe passe la parole à un éditeur; ce n'est pas plus compliqué!

ses enfants dans la mort; il se trouve en outre que le sacre des impulsions immédiates, si Cleveland l'avait convoqué quelques pages plus tôt, aurait justifié aussi bien son suicide, dont la première pensée se serait imposée avec une évidence à peu près irrésistible:

> Le premier accès (...) fut si vif et si pressant que si j'eusse eu un poignard à la main, dans le premier moment je me serais percé le coeur sans réflexion. (p.289)

Voici donc le suicide écarté par une évidence qui aurait pu le cautionner -et dont rien, par la suite, ne viendra compléter la leçon. Comme le narrateur ne s'attarde à aucun moment au réexamen qui aurait dû suivre, nous ne saurons jamais quels vices de raisonnement il a pu découvrir dans ses premiers arguments.

Prévost, bien sûr, n'est pas le premier qui ne parvient pas à étayer son refus du suicide de façon vraiment convaincante. Il semblerait même plutôt que les tenants de cette thèse sont depuis toujours à court d'arguments[10]. Historiens et anthropologues se sont étonnés à l'envi d'un interdit à peu près aussi universel que le tabou de l'inceste et qui a, comme ce dernier, la déconcertante propriété d'être à la fois commun à presque toutes les sociétés humaines et à peu près gratuit. Le meurtre et le vol font eux aussi l'objet d'une réprobation très partagée; on le comprend sans peine puisque tout groupe qui les admettrait tarderait peu à devenir invivable. Les civilisations, elles au moins, n'aiment guère à se sentir mortelles. Le suicidant, pour sa part, ne nuit en principe à personne. N'empêche que l'humanité presque entière se sera entendue avec un bel ensemble pour arrêter son geste.

A défaut d'opportunités réelles, la tradition se contentait volontiers de raisonnements presque fantaisistes, qui sont autant d'images ou de vues de l'esprit. On parlait de désertion ou de noire ingratitude, oubliant, dans ce dernier cas, que les suicidants ont généralement peu de raisons de se montrer reconnaissants de la vie. On voulait aussi que, la violence se faisant plus horrible quand elle s'abattait sur des proches, le suicide figurait le crime absolu puisque le meurtrier et sa victime n'y font qu'un. Personne ne s'avisait qu'il n'y a plus grand sens, dans ce cas d'espèce où la victime est d'office consentante, à parler encore de violence.

---

[10] Pour un rapide panorama de cet argumentaire assez décevant, cf. Paul-Louis Landsberg, *Le problème moral du suicide*.

Impossibles solitudes

Des arguments à ce point hasardeux attestent à leur manière l'autorité de la chose jugée. Ils convainquaient de déboucher sur une évidence quasi instinctive, la certitude, au-delà ou en-deçà de toute démonstration, que la vie et la mort sont choses trop cruciales pour être abandonnées à la seule discrétion d'un chacun. Cleveland, lui, se croit pleinement autorisé à décider pour lui-même; sa soumission finale à la norme traditionnelle ne dément pas cette suffisance puisqu'elle aussi se motive cette fois d'une réaction personnelle, d'un mouvement venu du plus profond de lui-même et qui, de ce fait, balaie tous les arguments contraires. "Les mouvements de la nature sont droits"; cela s'entend ici des impulsions spontanées -alors qu'on admettait traditionnellement que ces "mouvements"-là ont besoin d'être solidement encadrés, fût-ce au risque de les rudoyer quelquefois.

Prévost ne réussit pas tout à fait à se déprendre pour de bon d'une vieille norme qui ne le convainc plus vraiment; ce piétinement n'est même pas surprenant. Les changements culturels ont leurs lenteurs, les sensibilités neuves ne triomphent jamais d'emblée des habitudes prises, normes et interdits s'érodent d'habitude avant de s'effondrer. La vraie nouveauté de notre épisode serait plutôt, je crois, dans le fait qu'il ne cherche pas exactement à élaborer une nouvelle norme; sa visée la plus profonde serait de récuser tout impératif, le narrateur prétend se laisser guider par ses seules impulsions. Cela lui donne le droit, si le coeur lui en dit, de mettre fin à ses jours; un heureux hasard l'amène à la décision contraire.

Le refus de toute norme imposée pourrait être le geste le plus novateur des Lumières. La réflexion anthropologique récente y reconnaît volontiers une véritable mutation, qui sépare notre monde moderne de presque tout ce qui l'aura précédé. L'analyse la plus convaincante de ce contraste nous vient, à mon avis, de Louis Dumont, qui y voit le passage d'un immémorial holisme à un individualisme largement inédit. Dans les sociétés traditionnelles, le groupe avait le pas sur ses membres. Normes et coutumes prévalaient sur l'initiative particulière, l'appartenance précédait l'identité personnelle -si même elle n'en façonnait l'essentiel puisque bien des gens s'alignaient sans reste sur le statut que le partage établi des rôles leur assignait. L'individu moderne n'est plus guère capable de cette soumission et ne s'estime lié par rien qui lui préexiste. Il refuse de déférer à ce qui lui apparaît, en vertu même de sa nouvelle distance, comme un ramassis de préjugés.

Le vieux refus du suicide, qui déconcerte l'analyste d'être à la fois universel et inutile, atteste à sa manière une évidence pour nous perdue: il semblait aller

Impossibles solitudes

de soi que personne n'avait le droit de se dérober à son groupe[11]. Cleveland n'a plus le sens de cette dette. On ne saurait certes prétendre que, préparant son suicide, il ne s'inquiète pas de ceux qui lui survivront. Le souci de ses enfants lui inspire même le dessein de leur éviter tous malheurs à venir en les entraînant dans la mort. Après son revirement, le même souci aurait pu fournir, de façon plus banale, un motif supplémentaire de choisir plutôt la vie; il est significatif que le texte ne s'avise seulement pas[12] d'une considération si faible[13].

***

Est-ce à dire que le thème du passage éclairé vers l'individualisme moderne suffit aussi à rendre compte de l'ensemble de *Cleveland*? On admettra, j'espère, que les filières suivies jusqu'ici convergent toutes dans ce sens. Les personnages de notre roman, en dépit de leurs intentions pieuses, se montrent incapables d'adorer les décrets de la Providence; ils réussissent aussi mal à s'associer sans réserve à une aventure commune, ni même à croire seulement son succès possible. Certain sens de l'alignement semble bien irrémédiablement compromis. La sympathie instinctive de Cleveland pour le solitaire de Serrane va dans le même sens: le protagoniste sympathise d'emblée avec un personnage défini par son éloignement radical.

---

[11] Le problème de la peine de mort ébauche le cas de figure inverse. L'individu moderne y voit un empiètement inadmissible -et donc barbare- de la société sur un droit à la vie qui serait la prérogative la plus inaliénable de chaque particulier. Les sociétés traditionnelles estimaient en règle générale que la sécurité publique pouvait imposer de sacrifier quelques vies humaines.

[12] Il est vrai qu'il s'en était avisé pour un suicide antérieur. Aux toutes premières pages du roman, Mme Riding raconte à Elisabeth Cleveland la fin tragique de la mère de Bridge, qui se donne la mort après avoir été déshonorée par deux soudards de Cromwell chargés de la garder. Mme Riding s'étonne, au reçu de la lettre où la malheureuse annonce son dessein, que "l'affection qu'elle avait pour son fils" (p.28) n'ait pas suffi à la détourner du suicide, ni même à le lui faire différer.

[13] On peut s'étonner aussi que Cleveland se félicite sans la moindre arrière-pensée que ses enfants n'aient parlé à personne de son égarement; le lecteur apprend un secret qu'Angélique et Mme Lallin auraient, pour leur part, toujours ignoré. N'importe quel pédagogue moderne se dirait qu'à un âge si tendre pareil secret doit être terrible à porter seul; Cleveland n'appréhende aucun traumatisme. Il est vrai qu'il partage à cet égard une dureté d'époque: ne lui reprochons pas d'ignorer nos scrupules du XXème siècle devant l'infinie fragilité de l'âme enfantine.

Impossibles solitudes

Alors, *Cleveland* fable de l'individu moderne? La formule, on s'en doute, appelle plus que des nuances. Peu importe à cet égard que le passage à l'individualisme, même s'il se profile comme une mutation dans la longue histoire de l'humanité, n'a pu de toute évidence s'imposer d'un seul coup. Sa préhistoire remonte à de très anciennes sécessions, il serait incongru de croire qu'une aventure à ce point exceptionnelle aurait commencé seulement avec les Lumières. N'empêche que, pour n'être pas une origine absolue, elles marquent au moins un étape cruciale, un moment où bien des choses sans doute préparées de longue date se précipitent et s'emballent. Entre 1730 et 1740, *Cleveland*, s'il s'agit bien d'une méditation romanesque sur une nouvelle posture anthropologique, vient à son heure. On sait aussi que le triomphe de ce style neuf est, à ce moment, loin d'être acquis et qu'il se profile seulement au niveau d'une élite. L'Europe profonde des paysanneries et des plèbes citadines reste largement fidèle à des attitudes plus traditionnelles. Ces dosages-là, passionnnants tels qu'en eux-mêmes, ne nous concernent guère ici. Il suffit pour notre propos que Prévost n'aurait pas été qui il fut s'il ne s'était livré à une expérience de pointe[14].

On me dira que les deux épisodes que je viens d'évoquer sont prélevés sur un ensemble copieux, où, tant qu'à sélectionner ses exemples, on trouve sans efforts excessifs de quoi illustrer à peu près n'importe quelle thèse. Pour qui lit *Cleveland* d'un bout à l'autre, l'escale à Serrane comme la tentation suicidaire apparaissent en effet comme deux incidents quelconques dans un récit qui en comporte bien d'autres. Les choses se profilent différemment quand on se replace dans la perspective du premier public. Les quatre premiers volumes de *Cleveland* paraissent à un rythme fort rapide en 1731; la suite voit le jour sept ans plus tard, en 1738 et 1739. Il y a là une coupure dont on s'aperçoit à peine quand on lit le texte à l'affilée, mais qu'il semble difficile d'attribuer au seul hasard. Il se trouve que nos deux épisodes, qui ne sont séparés que par le récit

---

[14] Ajoutons, au risque d'enfoncer une porte ouverte, que Prévost romancier ne raconte guère que des gens de qualité et limite donc sa perspective au niveau social le plus ouvert, à son époque, aux dérives modernes. Cleveland, qui hérite des richesses immenses du grand-père de Fanny, se trouve même être le plus fortuné des protagonistes prévostiens. Sa fortune lui permet, par exemple, de retourner de La Havane en Europe sur un navire dont il fait l'acquisition à cett effet; il l'offre en débarquant à quelques marchands naufragés recueillis en route, dont la mer avait englouti toute la fortune. Lui-même décide alors de s'installer à Saumur, où il compte mener une vie retirée; il ne retient "que six domestiques, avec les femmes de (s)a belle-soeur et de Mme Lallin" (p.276)…

nécessairement assez long de la fuite de Fanny et du retour consécutif de Cleveland en Europe, précèdent d'assez peu cette ligne fatidique.

C'est dire que nous sommes ici, même si nos deux péripéties n'ont par ailleurs aucun impact concret sur la suite de l'intrigue, au coeur de l'entreprise tout entière -à moins qu'on ne préfère croire qu'elle y côtoie une limite. La longue interruption qui a suivi surprend de la part d'un homme qui vivait de sa plume et qui, tout en ayant d'immenses besoins d'argent, écrivait avec assez de facilité pour pouvoir prolonger ses succès de librairie en fournissant de la copie quelconque. Prévost s'y est peut-être essayé. Cleveland, dans les semaines qui suivent son égarement, discute avec un pasteur protestant, puis avec l'évêque catholique d'Angers, qui va jusqu'à surprendre une lettre de cachet.... Cela revient à combiner la ligné apologétique "officielle" du roman et une polémique un peu facile contre l'intolérance. Avant de s'interrompre pour de bon[15], le texte amorce encore un second départ avec les nouvelles amours de Cleveland et de Cecile; l'intrigue risque alors de verser dans la complication gratuite. L'idée s'impose que cette finale disparate du premier *Cleveland* piétine devant un blocage.

C'est bien dans ce sens-là, je crois, qu'il convient d'aller. Si *Cleveland* a partie liée avec la montée de l'individualisme moderne, il ne doit pas s'agir d'une simple prospection de celui-ci. L'entreprise paraît moins spéculative et pour tout dire plus tourmentée. *Cleveland* incarne peut-être moins l'individualisme en tant que tel qu'une tentative pathétique et presque désespérée d'y échapper.

Pour comprendre un tel effort, il suffit de penser que la sécession individualiste autorisait sans doute une liberté inédite, mais générait aussi un quant-à-soi dédaigneux d'autrui comme des traditions les plus vénérables. Le coude-à-coude des cultures de la soumission faisait une habitude aussi ancienne que l'humanité elle-même, une première coutume -au sens pascalien- qu'on prenait plutôt pour une nature. La nouvelle distance qui le relayait altérait des réflexes sans âge, déchirait des liens qu'on avait crus au-dessus de toute atteinte et créait ainsi un écart qu'il était difficile de toujours assumer sans crainte ni scrupules. L'individualisme n'en poursuivait pas moins sa peu résistible ascension. Comme toute vague de fond, elle entraînait à la fois ses enthousiastes et ses adversaires,

---

[15] L'édition parisienne de 1731-32 se termine sur l'épisode du suicide. Philippe Stewart note que la censure a pu s'inquiéter du parallèle entre le pasteur et l'évêque catholique (*Oeuvres de Prévost VIII*, p.145).

Impossibles solitudes

moins opposés d'ailleurs qu'on ne dirait puisque bien des gens, parmi les plus ouverts de leur époque, passaient alternativement, au gré des jours et des humeurs, de l'une à l'autre attitude. C'est qu'on ne s'écarte pas sans repentirs ni sans regrets d'un alignement qu'on avait toujours cru imprescriptible; l'individualisme, pour reprendre la formule de Louis Dumont,

> est d'une part tout-puissant et de l'autre perpétuellement et irrémédiablement hanté par son contraire.[16]

Que ce tourment secret soit au coeur de bien des ambiguïtés du XVIIIème, la place nous manque pour ébaucher seulement cette démonstration. Je rappelle tout au plus, pour en rester à la Romancie (et à un roman que Prévost connaissait certainement), que Robinson, ce prototype de la suffisance individualiste, s'accommode plutôt bien de sa solitude et vient même à plusieurs reprises à s'en réjouir; cela ne l'empêche pas par ailleurs de baptiser son île *the Island of Despair*[17]. Son désespoir est d'y avoir fait naufrage et de se voir réduit à un repli qu'il n'aurait jamais choisi de son propre mouvement. Le choix, au XVIIIème siècle, ne serait pas impensable puisqu'il fait écho à bien des héritages antiques et classiques; Prévost y sacrifie à plusieurs reprises[18]. Les auteurs viennent pourtant aussi à le condamner avec une nouvelle véhémence, qui indique que le mirage se fait plus insistant, qu'il revêt si l'on peut dire une actualité neuve et que, du coup, il peut sembler plus scandaleux de s'y abandonner. Du *Fils naturel* de Diderot, qui est, comment ne pas le noter, son oeuvre la plus prévostienne[19], la postérité comme les premiers lecteurs ont retenu une seule réplique:

> Vous, renoncer à la société! J'en appelle à votre coeur; interrogez-le; et il vous dira que l'homme de bien est dans la société et qu'il n'y a que le méchant qui soit seul.[20]

Le propos est resté célèbre parce qu'il aurait précipité la brouille entre Diderot et Jean-Jacques, qui y devinait une allusion. Il ne s'en serait pas inquiété à ce

---

[16] Louis Dumont, *Essais sur l'individualisme...*, p.28.
[17] Defoe, *Robinson Crusoe*, p.71 (premier paragraphe du *Journal* de Robinson, daté du 30.IX.1659)
[18] Cf. à ce sujet Robert Mauzi, *La retraite dans l'oeuvre de Prévost*.
[19] Cf. Jean Sgard, *Vingt études sur Prévost d'Exiles*, pp.95-96.
[20] *Théâtre du XVIIIème siècle II*, p.39.

Impossibles solitudes

point si la phrase ne touchait, pour lui comme pour son siècle, un point névralgique.

Cleveland est souvent tenté de s'éloigner des hommes et toujours fort imbu de lui-même. Lui aussi participe largement de la dérive individualiste, qu'il rejoint par bien des réactions devenues à leur tour, comme jadis les vieux réflexes holistes, quasi instinctives. N'empêche qu'il paraît surtout sensible aux inconvénients de l'aventure. Le roman transcrit une conscience malheureuse de l'individualisme, qui, pour comporter ses possibilités fascinantes, s'impose d'abord comme une menaçante fatalité.

Fatalité symbolisée dès la page de titre par une filiation qui écarte d'emblée les voies communes. Cleveland n'est pas le premier héros de roman obligé d'ouvrir son récit sur une naissance irrégulière; elle aurait pu le vouer comme tant d'autres à une destinée fertile en péripéties, qui n'avait même pas forcément à être plus malheureuse que la moyenne. La bâtardise, sous la plume d'un romancier inventif, peut se transformer aussi bien en aubaine. Inventif à souhait, Prévost choisit au contraire la note sombre. Le malheur particulier de Cleveland est de devoir le jour à un père qui, d'incarner le mal absolu, le met peu ou prou au ban de l'humanité. Cromwell apparaît ici comme un fourbe capable de tous les crimes et coupable du pire de tous, le régicide de 1651[21] dont il serait le principal instigateur. Prévost n'avait pas à inventer ce profil, qui prolongeait des idées reçues; il ne s'imposait pas puisque d'autres analyses, même en France, même monarchistes, estimaient que la poigne de fer du Protecteur avait sauvé l'Angleterre du pire, c'est-à-dire de l'anarchie à laquelle une constitution uniment républicaine l'aurait infailliblement vouée[22]. Le roman pouvait choisir; on ne saurait dire non plus que Prévost, qui revient dans plusieurs romans aux deux Révolutions d'Angleterre, professait à leur égard une opinion très arrêtée[23].

---

[21] Le narrateur y voit "un attentat qui surpassait tous les autres, et auquel on n'a point encore donné de nom particulier dans aucun langage, par cette raison sans doute qu'il n'y en a point d'assez horrible pour le bien exprimer" (p.20).

[22] Cf. au sujet de ces flottements Jean-Marie Goulemot, *Discours, histoire et révolutions*, pp.34-72.

[23] L'Homme de qualité se met, en 1688, au service de Guillaume III; il se voit chargé de la mission particulièrement délicate de garder le roi Jacques II prisonnier en favorisant en sous-main sa fuite, qui dispenserait le vainqueur d'une décision gênante. Montcal, dans les *Campagnes philosophiques*, se met de même au service de Guillaume III, qui lui confie des charges plus uniment militaires. Le Doyen de Killerine serait plutôt du côté Stuart et cherche à assurer la carrière de ses demi-frères à la cour du roi en exil; encore le

Impossibles solitudes

Choisir un Cromwell-monstre, infracteur à toutes lois divines et humaines, revenait à marquer son fils au signe de la singularité malheureuse.

Le récit qui suit se recommande d'abord, comme n'importe quel roman de l'époque, par l'attrait de l'émoi et du suspense; Prévost annonce dès la *Préface* qu'il se propose aussi de ramener son héros d'une assurance simplement philosophique à la religion révélée. Dessein édifiant assez mal accompli, mais qui est pourtant beaucoup plus qu'un simple prétexte. J'y lirais la rationalisation, en termes d'époque, d'une recherche plus profonde, que nous pouvons définir aujourd'hui comme un projet de réinsertion, une tentative de soustraire le protagoniste trop singulier aux maléfices de l'esseulement. Tentative nécessairement précaire, coupée de toute réussite définitive: on ne remonte pas le cours de l'histoire, les restaurations ne manquent jamais d'être à leur façon modernes.

Dans le *Cleveland* de 1731, l'impasse est plus ou moins occultée par des urgences anecdotiques. Le protagoniste y effectue une *Odyssée* au large de l'Atlantique. Il faut d'abord qu'il rejoigne Fanny, puis qu'il sorte avec elle des déserts du Nouveau Monde. Quand l'arrivée à La Havane met un terme à ce périple, le roman pourrait entamer pour de bon son projet philosophique; il ne tarde pas à tourner court. Cleveland, là encore, ne se départ pas de sa réserve habituelle, les empressements du grand-père de Fanny ne suffisent pas à l'amadouer:

> Il comptait tellement que nous étions avec lui pour toujours qu'il ne lui vint même pas là-dessus le moindre doute. Il était en effet ce que mon épouse avait de plus proche, et il la regardait, elle et et ses enfants, comme le seul rejeton direct qui restât de son sang. Cependant, malgré la tendre affection que nous portions à ce bon vieillard, la différence des nations faisait toujours que nous nous regardions chez lui comme des étrangers. (p.244)

C'est précisément pour sortir de cet isolement qu'il va chercher un ami à Serrane; la déception qui l'y attend illustre d'avance la maxime du *Fils naturel*. L'égarement de Saumur, où Cleveland pense tuer ses enfants, indique de son côté que rien ne saurait l'arrêter valablement au bord du crime. Entretemps, la fuite de Fanny avec Gelin a abandonné Cleveland aux pires tourments.

---

tableau qu'il brosse de cette cour ne témoigne-t-il pas précisément d'un respect excessif. Le romancier, dans tout cela, raconte beaucoup plus qu'il ne juge: l'histoire mouvementée de l'Angleterre du XVIIème lui vaut d'abord une matière romanesque à souhait.

Impossibles solitudes

Au moment où il n'a plus d'obstacles externes à surmonter, Cleveland découvre pour son dam que ses efforts ne suffisent pas à le préserver du risque essentiel: il est toujours près de retomber dans une solitude aussi fatale à son bonheur qu'à sa vertu. Prévost poursuivra définitivement son roman quand il se sera avisé d'une intrigue qui donne au moins l'impression de conjurer ce danger.

Les retrouvailles dans le désert

Le coeur et ses doutes

En-deçà de son projet apologétique et de l'intérêt élémentaire de ses suspense, *Cleveland* tenterait donc de conjurer un isolement malheureux, d'atténuer la distance inédite qui sépare désormais l'individu nouvellement émancipé de semblables qui ne sont plus tout à fait ses proches. L'histoire des mentalités a souvent souligné que l'Ancien Régime finissant apprend à attacher un nouveau prix à la vie privée; Philippe Ariès parle même à ce sujet d'une *"révolution du sentiment"*, dont il précise qu'elle doit être

> aussi importante pour l'histoire générale que celle des idées ou de la politique, de l'industrie ou des conditions socio-économiques, de la démographie: toutes révolutions qui doivent avoir entre elles des rapports plus profonds qu'une simple corrélation chronologique. [1]

La problématique de l'individualisme moderne permet, je crois, de préciser ces "rapports plus profonds". Il fournit un dénominateur commun des révolutions politique et industrielle, qui, pour n'être bien sûr ni l'une ni l'autre le fait d'individus isolés, impliquent un même affranchissement à l'égard de routines et de disciplines de groupe longtemps immuables. La politique moderne et le bouillonnement idéologique éclairé qui l'a préparée rêvent un nouveau départ, un réaménagement souverain du monde qui dédaigne allègrement toutes contingences établies. La révolution industrielle se soustrait de même aux modes de production traditionnels et aux cloisonnements corporatistes qui empêchaient jusque-là toute saisie purement instrumentale des possibilités objectives. La *social engineering* comme les performances de l'ingénieur relèvent ainsi du même refus fondamental -et impensable dans la plupart des sociétés humaines- de se sentir lié par aucun cadre préexistant.

La *révolution du sentiment* correspondrait assez à un passif de ces nouvelles audaces[2]. Elle aussi refuse au demeurant bien des contraintes. Les coeurs sensibles s'adonnent à une tumultueuse spontanéité; il y a une part de revendication démocratique élémentaire dans l'interminable réquisitoire des romanciers sentimentaux, qui préfèrent inlassablement les mésalliances et les choix du coeur aux

---

[1] Philippe Ariès, *L'homme devant la mort*, p.604.

[2] Je laisse de côté les éventuels "rapports plus profonds" qui pourraient incrire la révolution démographique dans ce même contexte. Il faudrait la plume de Michelet pour risquer l'idée qu'il y a là aussi certain passage du maintien des *statu quo* à un accroissement illimité des chiffres de population.

mariages dits de raison, qui étaient en fait dictés par les convenances. N'empêche que ce thème ne fait jamais qu'un des contentieux de la rhétorique sentimentale, qui célèbre autant de proximités amoureuses ou amicales où la ferveur sentie ne heurte aucun "préjugé". Il serait donc un peu court de voir dans ces emphases un simple corollaire fictionnel de la polémique éclairée.

Aussi leur reconnaîtrais-je une autre visée centrale. L'individualisme, disions-nous ci-dessus d'après Louis Dumont, se solde par une nouvelle solitude, la liberté qu'il génère craint parfois de se découvrir immorale ou monstrueuse. L'autonomie, en dépit de promesses radieuses qui ouvrent à la lettre des possibilités infinies, implique nécessairement une sécession qui est, aux heures sombres, dure à porter. L'ennui est que l'histoire ne permet guère de remonter les pentes. L'individu peut rêver par instants de réintégrer les insertions perdues; il ne saurait le vouloir durablement, ces vieilles contraintes, où ses Lumières lui ont appris de voir autant d'abus et de contingences arbitraires, lui sont désormais viscérablement insupportables. La *révolution du sentiment* se profilerait alors comme une solution proprement moderne, et donc du coup plus acceptable, à ces mêmes angoisses. Qui vit des sentiments intenses s'éprouve profondément lié à qui les inspire; ces émois n'ont d'autre part rien de contraint puisqu'ils émanent du for intérieur. L'abandon à la spontanéite passionnelle participe à sa manière de la souveraine liberté de l'individu.

La sensibilité risque d'avoir fait noircir, correspondances et fiction mêlées, au moins autant de pages que le débat philosophique. Elles forment pour nous l'héritage le plus indigeste du XVIIIème siècle. Cette prolifération devient moins énigmatique si l'on admet que les élans des coeurs sensibles abondaient eux aussi dans le sens de l'individualisme, mais semblaient, à l'opposé de toutes ses autres performances, déboucher sur une proximité chaleureuse qui commençait partout ailleurs à faire cruellement défaut. "La coupe amère et douce de la sensibilité"[3] enivre de réunir son monde.

La *révolution du sentiment* ainsi comprise fournit, tel est du moins l'hypothèse centrale du présent essai, le contexte anthropologique le plus adéquat pour saisir les enjeux et les stratégies essentielles de *Cleveland*. Le protagoniste est, plus que toute autre personnage de Prévost, coupé de toute appartenance évidente. L'Homme de Qualité a son titre, le Doyen de Killerine est chef de famille et se voit chargé de l'établissement de ses demi-frères. Le Commandeur, même s'il s'en montre peu digne, fait partie de l'ordre de Malte, que le chevalier des Grieux pourrait rejoindre de son côté. Cleveland, lui, ne tient à

---

[3] Jean-Jacques Rousseau, *Oeuvres complètes II*, p.733 (= *La nouvelle Héloïse*, VI/11)

rien ni à personne. Le testament du grand-père de Fanny lui vaut une énorme fortune, qui le met à jamais au-dessus de tout besoin; elle n'impose aucune attache et semble curieusement facile à réaliser puisqu'il l'emporte sans problèmes apparents de La Havane en Europe sans qu'il soit jamais question de ventes ou de traites à recueillir. A Saumur comme à Saint-Cloud, le confort de ses demeures le pose à son tour en homme de qualité, sa dépense lui permet, quand ce goût lui prend, d'avoir des convives distingués; il reste libre de sa personne, dispensé de quelque tâche que ce soit et apparemment peu porté à en rechercher. La *Préface* de 1731 semble indiquer que, dans le projet original, Cleveland finirait par retourner en Angleterre et y trouverait à s'engager à la cour de Charles II restauré. Sept ans plus tard, le dernier volume s'arrête à la veille de ce départ, qui y est motivé par le seul désir d'aller recueillir une autre succession, celle de Milord Axminster.

Il va sans dire que les protagonistes du roman sentimental ne sont pas tous à ce point détachés. Beaucoup se montrent excellents pères de famille, voire soucieux d'une large parentèle ou s'efforcent, quand nous sommes à la campagne, d'être la providence de leurs paysans. *Cleveland* va jusqu'au bout de la tendance profonde du genre: le protagoniste a beau parcourir la moitié du monde, son vrai parcours se limite à des soucis personnels qui se ramènent à l'aménagement de sa vie privée. Ils meublent si bien sa vie qu'ils écartent aussi les autres ambitions caractéristiques de l'individu moderne. Les préoccupations de l'ingénieur, à supposer qu'il les rencontrât un jour sur son chemin, ne lui feraient sans doute retrouver que le très vieux mépris aristocratique pour les tâches serviles. *Cleveland* est encore de ces romans où personne, sauf à laver un affront dans le sang, ne se salit jamais les mains. L'ambition politique se cantonne à trois utopies: nous avons vu qu'elles restent très marginales et que les personnages qui viennent à y passer rêvent surtout de les quitter.

Cleveland propose une *Scène de la vie privée* plus exclusive que celles de Balzac. Le roman raconte pour l'essentiel les aléas d'une union conjugale qui figure d'un bout à l'autre la préoccupation majeure des deux conjoints. Elle est perturbée surtout par un très long malentendu. Fanny se convainc que Cleveland veut la répudier et s'enfuit pour s'épargner cette humiliation; Cleveland qui n'avait rien pressenti, se croit abandonné pour de nouvelles amours. Il faut par la suite bien des explications pour dissiper cette double méprise.

La critique a souvent souligné le caractère laborieux, voire franchement invraisemblable, de cette "incompréhensible incompréhension"[4] préservée tant

---

[4] Pierre Hartmann, *Le contrat et la séduction*, p.44.

Le coeur et ses doutes

qu'il le faut par des coïncidences invariablement malencontreuses et par les machinations d'un méchant lui aussi plus noir que nature. L'*imbroglio* semble moins aberrant quand on s'avise que ces hasards trop obstinés illustrent une fragilité secrète peut-être inséparable du mirage sentimental. La sensibilité atténue l'esseulement de l'individu; le refuge reste précaire puisqu'il requiert un consensus intime profondément et constamment partagé -alors que les ferveurs qui s'y rejoignent relèvent du bon plaisir individuel des partenaires et sont donc toujours révocables à volonté. C'est dire que ces ententes cordiales durent en vertu d'une coïncidence permanente. A y réfléchir, elles paraissent aussi fragiles et aussi invraisemblables que les hasards plus factuels qui n'en finissent pas, dans notre roman, de prolonger un "cruel malentendu"(p.442) qu'une explication de quelques minutes devrait raisonnablement suffire à dissiper.

La rhétorique sentimentale nous lasse aujourd'hui. Elle a pu se montrer si insistante parce qu'elle cherchait à dénier cette fragilité secrète. Prévost se dépense aussi, ou même en premier lieu, à cette apologétique-là. Avant d'inventorier son argumentaire -ce sera l'objet de nos trois derniers chapitres-, j'aimerais montrer d'abord comment le doute qu'il s'efforce de surclasser affleure lui aussi très régulièrement.

Les doutes, à vrai dire, s'insinuent dès les premiers émois du narrateur. Cleveland passe son enfance dans la caverne de Rumney Hole, où sa mère lui donne une excellente formation philosophique. Côté affection, le bilan semble moins satisfaisant:

> A peine m'étais-je aperçu que j'avais un coeur, tant il m'était arrivé rarement de le sentir ému (...). Je n'avais même goûté qu'imparfaitement les tendresses de la nature, car ma mère était philosophe jusque dans ses caresses et son affection. Je pouvais me compter au nombre de ces enfants malheureux à qui leurs parents n'ont jamais souri. (p.57)

Les amours de Fanny et de Cleveland prolongent d'abord le dispositif fort connu de la surprise de l'amour. Quand le jeune homme a enfin compris ses nouveaux sentiments, le premier effet de sa découverte est de le rendre timide. Alors qu'auparavant il s'empressait chaque matin à rejoindre Fanny au plus vite, il hésite soudain à l'aller voir une fois de plus. Un effet si inattendu suffit pour une nouvelle surprise. Cleveland s'interroge donc sur son "apparente froideur" (p.58) et en tire d'abord une étrange inquiétude:

Le coeur et ses doutes

> Suis-je déjà guéri de l'amour, disais-je en moi-même; est-ce là cette passion que je croyais si tendre et si ardente, et dont je me promettais tant de douceurs? Loin d'aimer Fanny, ajoutai-je, je la hais assurément; car il n'y a que la haine qui puisse inspirer l'émotion et la contrainte où je viens de me trouver en sa présence. Je suis tout différent des autres hommes; je suis un monstre comme je l'ai pensé autrefois; car il n'est pas naturel qu'on puisse passer ainsi tout d'un coup de de l'amour à la haine. (p.58)

Le scrupule paraît fort incongru; il nous ramène en début de parcours à une appréhension première des âmes sensibles. L'enfance solitaire de Cleveland au fond de sa caverne l'a préservé de faire du mal à qui que ce soit et lui a donné fort peu de raisons de se croire "un monstre"; son inquiétude rejoint un soupçon commun, qui n'a donc pas trop besoin de motifs anecdotiques plausibles. Le narrateur ajoute que sa timidité valait plutôt une preuve du contraire; on pourrait voir là la toute première dénégation d'un roman qui en comportera beaucoup:

> J'étais trop novice encore en fait de sentiments pour savoir qu'un véritable amour inspire plus de respect pour une bergère aimée que la noblesse du sang pour la première princesse du monde. (p.59)

Près d'un an plus tard, Axminster, Fanny et Cleveland partent rejoindre Charles II dans son exil français. Les jeunes gens s'y déclarent enfin leurs sentiments et obtiennent presque de suite l'agrément d'Axminster: Prévost dispense ses personnages de ce genre de difficultés banales. Il s'acharne au contraire à retarder leur union par des malentendus. A Rouen, la jeune veuve Mme Lallin, s'éprend de Cleveland et voudrait l'épouser; les rumeurs allant vite, Axminster et Fanny entendent parler à Bayonne d'un projet de mariage bien décidé et se croient trahis. Cleveland en est désolé:

> Je ne laissai pas de ressentir une vive douleur de cette seule pensée que Mylord eût pu me croire capable d'ingratitude, et l'aimable Fanny d'aimer quelque chose plus qu'elle. O ciel! m'écriai-je, quel est le malheur d'un coeur droit et généreux, de n'avoir que des paroles pour s'exprimer, c'est-à-dire un moyen dont l'ingratitude abuse et que la perfidie même peut tourner à ses usages! (p.80)

Ses protestations suffisent d'abord pour lever les soupçons. Ce n'est par malheur que partie remise. Le grand-père maternel de Cleveland partage lui aussi l'exil de Charles II et préférerait le mariage Lallin: Axminster se prépare à aller servir la cause du roi dans les établissements anglais du Nouveau Monde et le vieil homme voudrait garder son petit-fils près de lui. Il s'arrange donc pour obtenir un blanc-seing de Cleveland et le remplit d'une promesse de mariage avec Mme Lallin. Cette "pièce authentique" (p.87) devrait précipiter les choses et semble le faire en effet. Milord Axminster, au vu d'un témoignage si décisif, s'empresse de partir avec Fanny, sans seulement honorer l'infidèle d'un mot d'adieu. Voici donc Cleveland convaincu une nouvelle fois de félonie:

> Quelle idée ne devaient-ils pas se former de mon caractère! J'avais été assez heureux pour les persuader de mon innocence à Bayonne; mais cette dernière aventure faisant revivre la première, ils allaient me croire capable, non seulement de les tromper, mais de joindre encore l'hypocrisie et le parjure à la duplicité pour abuser de leur franchise et de leur amitié. J'étais donc à la veille de perdre tout ce que j'avais de plus cher, l'estime de Mylord et la tendresse de Fanny... (p.89)

Cleveland, dès qu'il le peut, n'a rien de plus pressé que de partir à son tour pour se justifier. Mme Lalllin, désormais résignée à se contenter de son amitié, l'accompagne puisque l'échec de ses projets matrimoniaux, qui n'avaient pas passé inaperçus, a porté un coup mortel à sa réputation. Le voyage débouche sur une nouvelle trahison involontaire. Cleveland croit découvrir un ami dans le capitaine du vaisseau où il a réservé son passage et lui raconte après quelques hésitations toute son histoire; il espère acquérir ainsi un nouveau partisan à milord Axminster. Le capitaine préfère en faire sa cour au Protecteur, embarque de force son passager sur le premier navire qui pourra le ramener à la Tour de Londres et continue sa route pour aller arrêter l'émissaire du roi. Cleveland ne peut que se désoler:

> Y avait-il rien, en effet, de si cruel que mon sort? Je me trouvais exposé pour la troisième fois à l'accusation de perfidie, c'est-à-dire de ce qui était le plus opposé à mon caractère. Mes crimes, ou faux ou involontaires, produisaient le même effet que s'ils eussent été réels et commis à dessein. Le plus mortel ennemi du vicomte et de sa fille n'aurait pas réussi mieux que moi à les perdre. Et qu'avais-je néanmoins de plus cher et de plus précieux dans la vie que ces deux aimables personnes? (p.96)

Tant de crimes faux ou involontaires accusent une pente sinon à proprement parler du personnage du moins de l'imaginaire romanesque qui l'anime. Tout se passe comme si, par une manière de retour du refoulé, le roman réalisait dans les

Le coeur et ses doutes

faits ce qu'il écarte de ses psycho-logiques. Au moment des retrouvailles au fond du désert, le long voyage devrait prouver l'innocence de Cleveland; à la veille de leur mariage chez les Abaquis, Fanny ni Cleveland ne semblent pourtant pas entièrement sûrs des sentiments l'un de l'autre:

> Je craignais (...) que Fanny, touchée comme elle était de l'excès de notre misère, n'en fût moins sensible à notre bonheur commun et que cela ne me dérobât quelque chose de sa tendresse et des marques que j'osais en attendre. Sa réponse les confirma. Hélas, me dit-elle, quelle bizarre destinée! Quels auspices pour les suites de notre amour et de notre mariage! ... Notre tendresse, lui dis-je, et notre constance l'emporteront sur la malignité de notre sort. Je ne m'alarme de rien si vous m'aimez. Si je vous aime, reprit-elle tendrement. N'est-ce pas encore un présage terrible pour moi que vous puissiez en douter. (p.187)

L'inquiétude assombrit jusqu'à leur nuit de noces[5] et se fait plus insistante encore quand Axminster décide de partir seul de chez les Abaquis en confiant le jeune couple à leur généreuse hospitalité:

> Fanny, dis-je à mon épouse lorsque je me trouvai seul avec elle et Mme Riding, c'est à présent que nous allons éprouver si l'amour suffit pour rendre deux coeurs tranquilles et heureux. Mme Riding aura les consolations de l'amitié, et nous celles de l'amour. Elle me répondit par un mouvement comme involontaire: Ah! Si j'étais du moins bien assurée que vous m'aimez! Elle n'ajouta rien et je remarquai que Mme Riding lui avait fait signe des yeux de ne pas s'expliquer davantage. (p.192)

Ces réticences préparent une terrible révélation. Cleveland, au moment de ses retrouvailles avec Fanny, s'était cru séparé à jamais de Mme Lallin et avait

---

[5] Cf.: "Croira-t-on que dans une nuit toute consacrée à la joie et aux douceurs de l'amour, la tristesse et la douleur me firent encore sentir leur amertume? (....) Je m'aperçus qu'elle poussait des soupirs qui ne pouvaient partir d'un coeur heureux et tranquille. Je lui en fis des reproches, auxquels elle ne pût répondre si bien qu'elle ne me laissât beaucoup d'inquiétude. J'en aurais accusé son indifférence, si j'eusse pu douter de son amour; mais j'en avais des preuves que rien n'était capable de me rendre suspectes. (...) Elle se plaignait à son tour de l'injure que je faisais à sa tendresse, et elle me força de renfermer mes agitations dans mon coeur. Mais elles n'en subsistèrent pas moins, et je sentais trop bien qu'il manquait quelque chose à sa félicité et par conséquent à la mienne" (p.189).

Le coeur et ses doutes

trouvé inutile de raconter qu'elle était partie avec lui. Fanny l'apprend par des voies détournées, ne manque pas de s'étonner qu'il ait "déguis(é) une aventure si étonnante avec tant de soin" (p.204) et conclut qu'elle a "de justes sujets de s'alarmer" (p.205). Il n'en faut pas plus pour la convaincre que son mariage est dû au

> retour d'un homme qui l'avait abandonnée pendant quelque temps et qui revenait à elle parce qu'il n'avait pu conserver ce qu'il lui avait préféré. Cependant, sa douceur, son respect pour la volonté de son père, et son inclination même, plus forte que son ressentiment, l'avaient fait consentir à recevoir ma main; mais elle portait le trait au fond du coeur... (p.205)

Le narrateur souligne que lui-même, chez les Abaquis, n'en savait pas encore si long. Il ajoute qu'il a "peut-être satisfait trop tôt la curiosité de (s)es lecteurs" parce qu'il lui

> en eût trop coûté de laisser l'innocence de (s)a chère épouse et (s)a propre constance un moment en doute aux soupçons. (p.205)

L'explication atteste à sa manière le travail insistant du soupçon. Elle semble d'autant plus significative qu'il aurait pu aussi bien passer sous silence ces troubles de sa lune de miel. Fanny oublie apparemment ses soupçons en devenant mère[6]; ils referont surface à La Havane pour amener la crise décisive. Le premier accès, pour sa part, ne produit aucun effet concret. Que Prévost ait quand même tenu à entrer dans ce détail inutile, puis à lever tout de suite les doutes qu'il risquait de suciter confirme une fois de plus que ceux-ci sont l'enjeu le plus permanent du roman.

Cleveland répète à plusieurs reprises qu'il était fort inquiet des chagrins secrets de sa jeune épouse, mais qu'il préférait ne pas trop la questionner:

> La crainte de lui déplaire m'empêchait de l'interroger d'une manière trop pressante; mais sa peine n'en passait pas moins jusqu'au fond de mon coeur. (p.198)

---

[6] Cf.: "Elle en devint moins mélancolique. Ses yeux me parurent moins rêveurs; et soit que ce cher gage de de notre amour eût redoublé son affection pour moi et dissipé ses soupçons, soit que la seule joie d'être mère produisît ce changement, je m'aperçus que ses caresses étaient plus vives et plus ouvertes qu'elles ne l'avaient jamais été." (p.213)

Le coeur et ses doutes

Il se contente de même un peu vite des assurances apaisantes de Mme Riding:

> Cette dame s'efforça d'écarter mon inquiétude par une flatteuse réponse, ce qui ne m'empêcha point de trouver dans son air et dans le tour de ses paroles une apparence de contrainte qui eût été capable de m'alarmer si j'eusse eu l'esprit tourné naturellement aux soupçons. Mais n'en pouvant former de raisonnables, je ne témoignai point d'empressement pour être mieux éclairci. (p.192)

Ce peu d'empressement laisse rêveur. A La Havane, Cleveland, alors que sa femme dépérit d'inquiétude à ses côtés, ne se doute de rien. Fanny, jusqu'au jour de sa fuite, s'efforce héroïquement de "sauver les apparences" (p.262); un mari attentif aurait pourtant pu ne pas s'y tromper. On s'étonne aussi qu'au reçu d'une nouvelle lettre de Mme Lallin, il décide tout seul de l'aller chercher et de l'installer chez lui. L'idée n'est pas a priori plus invraisemblable que la décision généreuse de M. de Wolmar, qui fait venir Saint-Preux à Clarens[7]. Elle le serait même un peu moins puisque Cleveland et Mme Lallin, pour avoir donné lieu à quelques soupçons, n'ont aucun égarement réel à se faire pardonner. Toujours est-il que Julie laisse l'initiative à son mari[8]; Cleveland ne consulte pas seulement sa femme. Il comprend des années plus tard qu'elle devait croire "qu'il entrait de la passion dans une civilité si excessive" (p.262).

On me dira qu'une invitation qui viendrait aussi de Fanny rendrait le drame ultérieur plus invraisemblable encore. Cela n'imposait toujours pas d'en charger Cleveland. Il aurait suffi d'un hasard de plus, dans ce roman qui n'en est pas avare, pour que Mme Lallin s'amenât tout fortuitement à La Havane. L'hospitalité aurait été de rigueur et aurait pu tourner mal. Enchaînant les choses comme il le fait, Prévost défie ostensiblement la vraisemblance; il s'en cache si peu que son narrateur souligne l'incongruité en la déplorant:

---

[7] Les deux romans poursuivent un même rassemblement, la réunion de quelques proches qui préfèrent leurs inclinations partagées au commerce du monde. La sécession, dans les deux cas, ne fait qu'un avec la proximité chaleureuse: La Havane est plus lointaine encore que la Suisse de Jean-Jacques, qui, il est vrai, souligne dès sa page de titre que les lettres qu'il va donner à lire ont été échangées *au pied des Alpes*.

[8] Cf. la lettre IV/4 et –surtout– les quelques phrases admirables avec lesquelles Julie, au moment du retour, présente Saint-Preux à son mari: "quoiqu'il soit mon ancien ami, je ne vous le présente pas, je le reçois de vous, et ce n'est qu'honoré de votre amitié qu'il aura désormais la mienne" (Rousseau, *Oeuvres complètes II*, p.411; lettre IV/6)

Le coeur et ses doutes

> Hélas! que n'avais-je alors pour (…) éviter (mes malheurs) les lumières que je donne ici pour les faire entendre! Eloigné comme j'étais de toute ombre de défiance, je n'observai pas même de quel air mon épouse écoutait mon discours: je n'étais occupé que du plaisir de la revoir et de lui procurer une amie (…). Comment l'aurais-je soupçonnée de se défier de mon coeur, lorsque je n'y sentais pour elle que les mouvements les plus tendres de l'amour et le témoignage assuré d'une constance immortelle. (pp.262-63)

La question rhétorique sous-entend sa réponse et confirme ainsi qu'en 1731 le faux pas avait sa plausibilité propre. Il indique à sa manière que la sensibilité des belles âmes, de rester foncièrement individualiste, ne comporte pas toujours une réelle attention à autrui. Auquel cas l'interminable malentendu qui suit aurait pu devenir, en dépit des artifices qui le font durer, un des grands symboles romanesques du siècle.

Il ne l'est pas tout à fait. Le choix délibéré d'une intrigue peu commune permet quelquefois à de grands romans d'explorer des problématiques que la vie réelle incarne d'habitude de façon plus approximative. C'est un peu, pour en rester au même parallèle, le parti pris de *La nouvelle Héloïse*. L'utopie de Clarens réunit des personnages animés des meilleures intentions, tous pareillement soucieux de s'interdire la moindre arrière-pensée coupable. Leur coude-à-coude devient irrespirable, Julie mourante constate que "cette réunion n'était pas bonne"[9] et remercie le Ciel de l'avoir interrompue. Le lecteur comprend alors que, pour les amener à cette débâcle, Jean-Jacques devait préserver ses personnages de tout achoppement extérieur comme de toute faiblesse. Son diagnostic, un des plus sévères que le XVIIIème siècle ait porté sur la sensibilité, n'était possible qu'à la faveur d'une fable qui aménageait d'abord des conditions singulièrement idéales.

Prévost, pour sa part, met en scène des aveuglements qui impliquent eux aussi une insuffisance évidente du sentiment. Il les souligne assez pour qu'on lui reconnaisse d'avoir oeuvré, avec ces maladresses trop criantes, à une mise en perspective critique. N'empêche qu'il ne va pas au bout de sa déconstruction. Son cruel malentendu rebondit presque d'un bout à l'autre du roman et traduit ainsi un risque structurel qui pourrait faire, nous l'avons vu, la fêlure la plus indépassable du bonheur des âmes sensibles. Il est aussi une malchance, qui tourne à la catastrophe sous l'effet des machinations ténébreuses de Gelin et

---

[9] Rousseau, *ib.*, p.740 (= *La nouvelle Héloïse*, VI/12).

Le coeur et ses doutes

débouche, quand celles-ci sont percées à jour, sur un triomphe suprême: la terrible épreuve atteste alors la haute qualité d'une affection qu'elle n'a jamais réussi à entamer. Pour un peu, il s'agirait, à côté des morts intempestives, des vétos familiaux et des autres incidents coutumiers du roman, d'une épreuve du sentiment presque quelconque.

Presque seulement: la crise de confiance conjugale n'est pas une épreuve comme les autres puisqu'elle est, si on me permet de détourner un terme freudien, le contenu latent de toutes les autres. Le roman sentimental expose ses personnages aux tribulations les plus diverses pour leur permettre de donner la mesure de leur constance. La démonstration ne paraît jamais oiseuse, elle vaut d'être indéfiniment réadministrée parce que cette constance est toujours secrètement sujette à caution. Le cruel malentendu, dans ce sens, vaut beaucoup mieux que les obstacles anecdotiques qu'on rencontre ailleurs; il se greffe directement sur l'essentiel et permet ainsi des vues plus pénétrantes aussi bien que la perspective d'un triomphe plus décisif. Notre roman, ainsi, orchestre à la fois, et des deux côtés avec une acuïté exceptionnelle, le mal et le remède: le succès de *Cleveland*, que le premier public a largement reconnu comme le chef-d'oeuvre de son auteur et comme un sommet de la production sentimentale, pourrait y trouver sa principale explication.

Mme Lallin dûment installée à La Havane, l'inéluctable, très aidé par Gelin, tarde peu à suivre son cours. Les affres subséquentes illustrent surtout la profondeur des affections si rudement malmenées; Prévost ne renonce pas pour autant à rappeler que le sentiment comporte aussi ses carences. A mesure que le malentendu se dissipe, les appréhensions et les aveuglements qui en avaient préparé les voies semblent en effet se répéter. Tout se passe comme si Cleveland, au sortir de sa terrible crise, n'avait rien appris -à moins qu'on ne préfère croire que l'auteur, après avoir déployé largement sa fable rassurante, tenait pourtant à redire aussi ses doutes.

Quand Cleveland apprend enfin l'innocence de Fanny, son premier mouvement n'est pas exactement le bon. Il rumine surtout une nouvelle défiance:

> Je me sentis porté à croire que son coeur s'étant refroidi pour moi, elle avait peut-être été moins affligée qu'offensée de la trahison qu'elle m'attribuait, et que croyant sa vertu et son honneur assez sauvés par l'innocence de ses sentiments, elle avait pris le parti de m'abandonner sans autres regrets que ceux de la honte et du dépit. Une longue absence, continuai-je à dire à moi-même, n'aura pas manqué d'éteindre jusqu'aux derniers restes de sa tendresse. Je la retrouverai vertueuse, mais insensi-

Le coeur et ses doutes

ble à mon affection, et se figurant faire assez si elle consent à se réconcilier avec moi et à reprendre la conduite de ma maison. Enfin j'ai perdu son coeur; et que revient-il de tous les soins que je prends pour m'assurer de sa vertu, si ce trésor qu'elle a conservé n'est point acompagné de ceux qui lui prêtaient tant de charmes! (p.465)

C'est se montrer bien exigeant, bien égocentrique aussi. Cleveland, à cette révélation capitale, pourrait aussi bien s'inquiéter de ses propres torts. Le vrai intérêt du pasage est d'amorcer un autre dénouement, plus prosaïque mais au moins aussi plausible que le triomphe du sentiment qui suivra. Tout ceci pourrait déboucher sur une réconciliation toute de convenance. La suite ne manque pas de prodiguer les assurances chaleureuses; Prévost aura au moins indiqué, en ouvrant cette autre voie, qu'il y a là un choix concerté, que sa fable autorise sans aucun doute mais qui ne n'impose pas pour autant[10].

Il est plus inquiétant encore qu'une fois la réconciliation acquise, Cleveland se montre de nouveau incapable de deviner les sentiments de son entourage. Il décide, pour mieux jouir du bonheur retrouvé, de l'encadrer dans un train de vie luxueux et imagine combler ainsi les désirs les plus chers de Fanny. Celle-ci, qui préfèrerait une vie plus recueillie, commence par invoquer divers prétextes de santé pour se dispenser de ces fêtes bruyantes; elle avoue bien plus tard, à un moment où sa santé décidément trop rayonnante lui interdit ces subterfuges, que ces mondanités lui pèsent. Cleveland tombe des nues:

> Je me hâtai de lui dire: Vous m'assurez donc que vous êtes sans goût pour les plaisirs que j'ai voulu vous procurer? Jugez si j'en conserverai beaucoup moi-même après cette déclaration, lorsque le ciel m'est témoin que dans tout ce que vous m'avez vu rechercher le plus ardemment, je n'ai pensé qu'à satisfaire le vôtre. Quelle idée avez-vous de mon amour,

---

[10] Prévost s'arrange ensuite pour différer de quelques jours les retrouvailles définitives des deux époux; l'épisode le plus pathétique du roman s'étire ainsi sur des dizaines de pages et n'en devient que plus émouvant. Le délai suscite pourtant aussi quelques questions inquiètes: "Avez-vous vu Fanny, lui dis je (à Mme Riding) avec un soupir qui venait encore de l'impression de tous mes malheurs. Vous a-t-elle reçue avec la tendresse qu'elle vous doit? Ah! Si elle avait marqué de la froideur en revoyant une mère qu'elle avait de si justes raisons d'aimer, que j'augurerais mal du retour qu'on me promet de son affection! Mais si vous l'avez vue, continuai-je, pourquoi n'est-elle pas ici avec vous? Qui l'arrête, si elle est telle qu'on me flatte de la retrouver? Vous a-t-elle dit que son coeur soit à moi, qu'il rende justice au mien… " (p.476)

Le coeur et ses doutes

si vous me croyez sensible à quelque plaisir qui ne puisse pas vous toucher. L'ardeur de vous rendre heureuse m'a fait illusion. (p.572)

Fanny ni Cleveland ne doutent désormais de leur bonne volonté réciproque. Ce nouveau malentendu, pour être incomparablement moins cruel, indique au moins une limite de leur entente. Fanny s'est demandé la première

> comment il s'est pu faire que la conformité qui est dans (leurs) caractères ne s'étende point jusqu'à (leurs) plaisirs. (p.571)

Elle ajoute que "cette différence (l')humilie" (p.571); s'il n'y a pas vraiment de quoi se sentir honteuse, il est gênant que pareille divergence ait appelé une si longue méprise. Elle se trouve consonner en outre avec un aveuglement autrement grave. Cleveland, dans les derniers épisodes de sa longue histoire, se montre tout aussi peu clairvoyant devant les chagrins secrets de Cecile...

Les doutes viennent aussi à affleurer plus incidemment. Mme Riding, que nous avons perdue de vue quand elle abandonnait les Nopandes, réussit à revenir en Europe, mais ne rejoint pas les siens. Elle s'explique de ce choix, que la suite de l'intrigue requérait impérieusement mais ne pouvait évidemment motiver, par une considération surprenante:

> Sans compter le désagrément de reparaître dans ma famille avec la livrée de l'infortune et de la misère, j'appréhendais qu'après tant d'années d'absence un retour si imprévu ne fût pas agréable à ceux que j'avais laissés maîtres de mon héritage. (p.447)

Dans ce roman qui aligne tant de retrouvailles enchantées, cette variante sombre du topos introduit une curieuse dissonance[11]. Le doute revient aussi, et c'est un recours très significatif, quand il s'agit de forcer une confidence. Cleveland l'invoque pour amener Milord Clarendon à lui confier ses soucis:

> Je me suis trop flatté, lui dis-je, en m'attribuant votre estime et votre confiance. Vous avez des pensées que vous ne me confiez pas. Il me regarda un moment avec quelque surprise, et m'ayant pris par la main, il me conduisit à l'écart pour me tenir ce discours:

---

[11] Elle paraît plus curieuse encore quand on pense qu'en revenant en Europe, Mme Riding y ramène aussi Cecile, dont le retour, salué d'abord comme une faveur quasi miraculeuse du Ciel, aboutira à la catastrophe qu'on sait. Il est vrai que le texte n'indique jamais ce rapprochement

Le coeur et ses doutes

> Je n'ai pas voulu troubler la paix de votre coeur par des confidences auxquelles j'appréhendais que l'amitié ne vous rendît trop sensible; mais puisqu'elle vous porte à m'en faire un reproche... (p.520)

Le "reproche" se fait parfois moins obligeant. Quand Cleveland apprend par hasard que ses enfants viennent d'échapper de justesse à une tentative d'empoisonnement, il est près d'en vouloir à ses proches, qui lui ont caché ce danger pour ménager sa santé à ce moment fort compromise:

> Quelle confiance, lui dis-je, m'est-il permis de prendre (....) lorsque je trouve si peu de sincérité dans ceux qui font profession de m'aimer? Il m'est donc arrivé quelque nouveau malheur que j'ignore, et je n'ai personne qui s'y soit assez intéressé pour me l'apprendre? (p.486)

La belle-soeur de Cleveland, qui a obligeamment organisé la conspiration du silence dont il imagine de se plaindre, se montre "moins embarrassée qu'affligée par ce reproche" (p.486). Son affliction, fût-elle brève, prouve que ce grief, où elle aurait pu voir une simple impatience de malade, touche ici un point sensible.

Quelques mois à peine après sa réconciliation avec Fanny, Cleveland manque de succomber aux avances de l'intrigante espagnole Dona Cortona. Cette infidélité esquivée de justesse est une fois de plus assez inutile au cours global de l'intrigue. L'animosité de l'aventurière joue un rôle capital dans les catastrophes qui suivront, mais est acquise avant l'échec de sa tentative de séduction[12]. La forcenée qu'elle est n'avait pas besoin de cette humiliation de plus. Prévost lui fait chercher d'abord à "triompher de (l)a sagesse" (p.535) de Cleveland; l'épisode ne fait rien avancer et souligne surtout la foncière fragilité de cette sagesse.

---

[12] La tentative recherche déjà une première vengeance. Dona Cortona y est poussée par "un ressentiment fort vif du mépris que (Fanny) avait marqué pour elle" (p.534) quand elles se retrouvaient inopinément à Paris: leurs chemins s'étaient croisés une première fois à l'île de Madère, où l'Espagnole s'était faite la complice de la ruse la plus perfide de Gelin.

Le coeur et ses doutes

La mise en garde se rattache au propos édifiant du roman, qui répète à son tour que la chair est faible. Le torrent des plaisirs mondains, où Cleveland s'acharne à entraîner les siens, passait depuis toujours pour acheminer aux pires faiblesses. Il y prédisposerait notamment en amollissant les esprits, qu'il rendrait ainsi perméables à de dangereux sophismes; le narrateur avoue qu'il s'était aveuglé un instant sur la gravité d'un péché qu'il n'avait pas eu à rechercher:

> Mes sens (...) prirent tout d'un coup tant d'empire que, pensant moins à les combattre qu'à justifier leur tyrannie, je mis en délibération si c'était me rendre coupable que d'accepter des plaisirs qui m'étaient offerts, et que je ne m'étais procurés par aucun désir qui blessât mon devoir. (p.536)

Tout cela, qui reprend un texte familier, n'en risque pas moins de mettre en cause l'affection conjugale de Cleveland aussi bien que sa vertu. La proximité amoureuse, ce suprême espoir des âmes sensibles effrayées de se découvrir un quant-à-soi trop scandaleux, s'y trouve exposée à une étrange intermittence. Le souvenir de Fanny, il est vrai, triomphe sans le moindre effort de ce moment faible:

> J'ignore quel eût été l'effet de cette réflexion si l'image de Fanny, qui vint se présenter tout d'un coup à ma mémoire n'eût comme changé la scène que j'avais devant les yeux. Je ne vis plus qu'elle, et cette douce modestie qui accompagnait toujours la tendresse de ses regards me fit rougir d'avoir été sensible un moment à des caresses effrontées et à un langage dissolu. (p.536)

N'empêche que cette image qui "vient se présenter tout d'un coup" reste un recours aléatoire. Il s'en est fallu d'un presque hasard, qui aurait pu ne pas se produire, que les choses n'aient tourné mal. La suite donne à penser que ce si soudain souvenir, dont l'efficace semble d'abord souveraine, n'aurait peut-être même pas suffi à conjurer définitivement tout péril:

> Heureusement, le ciel permit pour confirmer mes forces, que Dom Thadeo se fit entendre dans la chambre qui touchait au cabinet... (p.536)

Le Ciel estimait qu'il valait la peine de dépêcher, pour plus de sûreté, un *terzo incommodo*!

Dom Thadeo ramène Cleveland chez lui et se montre assez discret pour ne pas s'étonner en chemin de "distractions tumultueuses" qui l'empêchent de "prononc(er) un seul mot" (p.536). Le lecteur n'en est que plus surpris de voir que celles-ci s'évaporent presque aussitôt après:

> Je ne reparus point aux yeux de Fanny sans quelques sentiments de honte, que la seule vue d'une épouse si vertueuse était capable de faire renaître. Cependant le feu de l'amour qui n'en était pas plus altéré eût bientôt consommé ces faibles taches. Je repris auprès d'elle toute la tranquillité et toute la joie dont sa présence était pour moi comme une source inépuisable. (p.536)

Cela vaut, si l'on veut, un suprême triomphe de l'amour. On peut y voir aussi sa suprême débâcle : un rapport qui appelle si peu de scrupules -et qui se dispense confortablement de tout aveu gênant- ne fait toujours qu'un lien assez lâche. Comme quoi cet épisode, qui risque d'être le plus saugrenu du roman tout entier, retrouve pour finir son ambiguïté la plus caractéristique: il est proprement impossible de décider si cette sérénité si vite retrouvée dénonce ou dénie une insuffisance[13] du sentiment.

---

[13] L'épisode pourrait dénoncer aussi la suffisance première de l'individu: Cleveland avoue qu'au moment de la tentation il s'était laissé "tyranniser" par ses sens au point de se féliciter qu'il n'avait même pas eu à former un dessein coupable; l'excuse, à la limite, serait plus humiliante encore que la faute.... Le texte, il est vrai, n'insiste pas vraiment dans ce sens.

Je note pourtant que *Le Doyen de Killerine* comporte un épisode analogue, qui, lui, dénonce, l'infinie naïveté de l'amour-propre. Le Doyen rencontre lui aussi son intrigante, qui cherche à le séduire pour avoir barre sur lui; son instant de faiblesse ne sera non plus suivi d'aucune vraie faute, mais paraît d'autant plus dérisoire que sa robe et -surtout- sa laideur repoussante auraient dû le rendre défiant à l'égard de la prétendue inclination de son interlocutrice (cf. *Oeuvres de Prévost III*, p.301-02) Les deux épisodes doivent être à peu près contemporains: le tome VII de *Cleveland* date de 1739, la *Cinquième partie* du *Doyen* paraît un an plus tard.

L'attentat de Gelin

Le coeur et ses raisons

Cleveland est rongé par un doute insistant. Le message central du roman va pourtant en sens inverse, le romancier mobilise toutes les ressources de son art pour valoriser, à l'encontre de ce soupçon, la force et la profondeur des liens sentis. La nouveauté du roman -et sans doute la raison décisive de son succès- est essentiellement là. Dans ces années trente du XVIIIème siècle, personne n'avait encore totalisé à ce point les ressources de la rhétorique sentimentale.

Bien d'autres romans, certes, avaient chanté les louanges de l'amour. En Romancie, celui-ci était depuis toujours, comme la langue d'Esope, la meilleure et la pire des choses, que les uns exaltaient donc à l'envi alors que les autres en dénonçaient les horreurs. Les arguments, des deux côtés, étaient plusieurs fois séculaires et pareillement bien rodés. Prévost lui-même aurait sans doute eu du mal à préciser ce qui le séparait de ces prédécesseurs. A deux siècles de distance, le décalage n'en paraît pas moins net. Les éloges courtois et précieux louaient surtout les hautes performances que l'amour pouvait inspirer: qu'il s'agit de prouesses chevaleresques ou de simples raffinements dans les casuistiques du parfait Amour, la louange, de toute manière, pavoisait moins l'émoi tel qu'en lui-même que les belles attitudes qui l'ennoblissaient. La *révolution du sentiment* amène au contraire à valoriser l'émotion élémentaire, dont on apprécie désormais la force brute, la consistance immédiate: il s'agit de la montrer assez forte pour assurer une proximité durable. Force brute, élan peu résistible de l'instinct, qui jusque-là avaient plutôt inquiété; ce serait à peine excessif d'affirmer qu'ils faisaient le grief central des détracteurs de l'amour, qui le croyaient capable de triompher des meilleurs résolutions et des vertus les mieux établies. On venait à espérer maintenant qu'il saurait triompher de même, pour le plus grand réconfort de ses élus, de la dérive individualiste.

L'espoir est plus inquiet que la réprobation. Les réquisitoires contre les désordres de l'amour n'avaient guère douté de leurs catastrophes, dont les exemples paraissaient trop nombreux. Les nouveaux apologistes de la sensibilité étaient moins sûrs qu'elle réussirait toujours à rapprocher durablement les belles âmes. L'emphase caractéristique du roman sentimental a ses racines dans ce doute fondamental. Il fallait d'infinis coups de pouce et une grandiloquence de tous les instants pour assurer et pour rendre plus imposante une sym-pathie immédiate dont on doutait d'autant plus qu'on savait par-devers soi qu'à son défaut rien d'autre ne s'offrait plus pour la remplacer.

Ecoeurée par ces démonstrations très répétées, la critique littéraire s'est souvent contentée de les récuser en bloc -au point d'incriminer volontiers une conviction naïve là où il y aurait plutôt un effort de crédulité à sa manière aussi pathétique, sinon plus, que les émois qu'on cherchait désespérément à grandir. *Cleveland* propose une des premières orchestrations de cette apologétique et en "invente" d'emblée presque toutes les stratégies; il s'agit maintenant de les inventorier.

Non sans avoir rappelé d'abord qu'il arrive au moins une fois à Cleveland de recourir *ouvertement* à l'artifice. Son histoire est trop tourmentée pour lui laisser souvent le loisir du perfectionnisme; dans un des rares répits qu'elle lui laisse, il n'a rien de plus pressé que de se garantir contre tout fléchissement de ses amours avec Fanny. Amours qu'à ce moment rien ne menace: le couple est installé à l'abri de tout risque à La Havane, la maternité a guéri Fanny de ses premières défiances, Mme Lallin et Gelin viennent seulement d'arriver... Cela aurait pu être le dénouement heureux d'un roman complet, qui rassemblerait tout son monde pour le rideau final. C'est ici un intermède ou, si l'on préfère, la plaque tournante où le roman d'aventures qu'avait encore été le premier *Cleveland* s'efface devant une intrigue plus exclusivement psychologique.

Pareil passage se prête aux mises en abîme. Il serait tentant de lire dans ces quelques stratagèmes concertés une sorte d'emblème des efforts où le roman se dépense d'un bout à l'autre. Le texte, il est vrai, ne suggère rien de tel; on voit mal d'ailleurs comment un roman-mémoires pourrait énoncer ce genre de parallélisme entre un de ses épisodes et le mobile central de sa fable. Du moins l'épisode a-t-il pour nous l'intérêt particulier d'énoncer à peu près directement les appréhensions inséparables du culte du sentiment:

> Le fond des sentiments ne s'éteint jamais dans un coeur naturellement tendre et constant; mais la familiarité avec ce qu'on aime, et l'habitude continuelle de se voir, fait perdre tôt ou tard à l'amour quelque chose de sa vivacité. Un peu d'art l'empêche de s'endormir; et ce secours qu'un homme qui pense peut tirer de son esprit pour nourrir ses sentiments le rend plus capable que le commun des hommes d'une passion forte et durable. (p.256)

Le sentiment a besoin d'être nourri, la passion n'est pas naturellement "forte et durable"; on se demande à quoi peut bien ressembler ce prétendu "fond" qui, même sans "art", ne s'éteindrait jamais. Cleveland, en somme, essaie de se prémunir contre un risque dont il minimalise en même temps la gravité. La dénégation affleure presque en toutes lettres dans la suite du paragraphe:

Le coeur et ses raisons

> S'il entrait un peu d'expérience dans ce raisonnement, elle ne m'était point venue de la moindre diminution de ma tendresse pour Fanny: mais j'avais remarqué que ces petits ménagements que j'appelle art dans un amant qui raisonne avaient servi plus d'une fois à redoubler son ardeur et la mienne; et je concluais que ce qui pouvait causer quelque augmentation dans une passion telle que la nôtre devait être capable à plus forte raison de l'empêcher de s'affaiblir. (pp.256-57)

Où la conclusion retrouve, pour y remédier très sûrement, l'éventualité d'une "diminution" qui ne s'est bien sûr jamais produite...

Voici donc Cleveland à la recherche d'un "préservatif contre le refroidissement de l'amour" (p.256). Il y met apparemment des trésors de zèle et d'ingéniosité:

> Je méditais souvent sur la nature de nos inclinations et de nos attachements, et(...) mettant mon propre coeur à toutes les épreuves, je tâchais de démêler ce qui était capable d'affaiblir ou d'augmenter ses sentiments. Je ne faisais point de découverte que je ne vérifiasse aussitôt par l'expérience. Sans avertir Fanny de mon dessein, j'essayais sur elle, en quelque sorte, l'efficacité de mes remèdes: semblable à un médecin qui ferait son étude continuelle de la santé d'une personne qu'il aime... (p.258)

Ce sérieux de psychiatre n'aboutit à rien de précis: Cleveland souligne son zèle plutôt que ses résultats. Aussi l'éventuelle mise en abîme risque-t-elle d'être surtout une sorte de compensation, comme si ces méditations et ces expériences visaient essentiellement à corriger l'effet fâcheux de l'épisode précédent, où le narrateur, sans penser à mal et sans se douter de rien, va chercher Mme Lallin à Powhatan et déclenche ainsi la catastrophe. Il est dans cette perspective assez ironique[1] qu'au retour de ce voyage désastreux, sa seule "découverte" un peu concrète concerne l'utilité des absences:

---

[1] La question de savoir si cette ironie est voulue ou non est, comme d'habitude, insoluble. Dans une étude magistrale sur *Le comique dans les romans de Prévost*, Henri Coulet a montré comment Prévost donne plus d'une fois l'impression de suggérer certain doute sur la bonne conscience de ses narrateurs, qui confine alors à l'inconscience; c'est notamment le cas dans les meilleures pages du *Doyen de Killerine*. *Cleveland* comporte moins de clins d'oeil: notre épisode, s'il était ironique, serait presque un hapax. Encore

Le coeur et ses raisons

> De petites absences, ménagées avec art, m'avaient déjà paru d'un secours admirable. J'en avais éprouvé plus d'une fois l'effet (...). Quoiqu'il ne m'en coutât guère moins qu'à mon épouse pour me résoudre à ces séparations volontaires, j'étais déterminé par la raison et soutenu par l'espoir d'un redoublement d'amour et de plaisir sur lequel je comptais à mon retour. (p.259)

L'idée n'est pas très originale et à la limite compromettante: s'y profile aussi une secrète impatience des coude-à-coude trop prolongés...

Le roman tout entier s'organise lui aussi autour d'une "séparation volontaire", celle-là explicitement liée à un double doute d'amour. Fanny se croit trahie et donne, par sa fuite, l'impression de trahir elle-même. Les retrouvailles amènent alors de copieux démentis; certaines scènes ne servent apparemment qu'à multiplier les protestations. C'est le cas, pour nous en tenir à ce seul exemple, de la première entrevue entre Cleveland et Gelin repenti. Le premier, pour faire grâce à l'ami félon, n'exige qu'un très longue confession, où le malheureux doit surtout souligner qu'il n'a jamais rien su gagner sur le coeur de Fanny. Un romancier du XXème siècle ne se serait sans doute pas avisé d'un tel épisode, qui ne fait strictement rien avancer; Gelin, ici, ne tarit pas:

> Quoi! Vous êtes arrêté par quelque défiance de sa vertu ou de sa tendresse. Homme trop favorisé du ciel! hé! savez-vous les douleurs et les larmes que vous lui avez coûtés (...)? Savez-vous qu'elle n'a respiré que pour vous, qu'elle a voulu mourir mille fois pour finir une vie qu'elle ne peut supporter sans vous, qu'elle n'a le coeur rempli que de votre image, et la bouche que de votre nom? Vous ne savez donc pas que le plus précieux de tous les trésors est à vous, et que tous les pouvoirs de la terre et du ciel s'uniraient en vain pour vous le ravir un moment? O froideur incroyable! O lenteur d'un homme qui paraît ne sentir ni connaître le prix du bien inestimable qui est entre ses mains! Il s'arrêta en revenant de ce transport... (p.461)

Gelin s'arrête tout au plus pour repartir presque aussitôt de plus belle; Cleveland ne s'avise pas d'interrompre son amende honorable. La scène, ainsi, n'en finit

---

le contexte serait-il exemplairement approprié à une telle exception, la mise en abîme étant par définition propice au retour sur soi.

pas de redire les mêmes assurances: comme elles apaisent la principale angoisse du roman, Prévost a dû savoir qu'il ne risquait jamais d'en faire trop.

Reste bien sûr que des protestations si étroitement liées à l'anecdote racontée ne prouvent aussi qu'en faveur du cas particulier. Prévost a su imaginer, pour ce premier grand roman sentimental de la littérature française, un argument très approprié; son plaidoyer devait recourir en même temps à des arguments plus généraux. Qu'ils ne se présentent pas vraiment comme des arguments n'est guère surprenant: l'évidence est plus forte quand elle n'est pas visiblement aménagée et qu'elle paraît ressortir ainsi de la seule nature des choses. Pour prouver la consistance des liens noués par le sentiment, Prévost les montre capables d'opérer toutes sortes de prodiges, il leur reconnaît si l'on ose dire le don des miracles. Il les dote d'autre part de certain mystère psychologique, qui les font perdurer et produire leurs effets à l'insu des intéressés eux-mêmes.

Les deux registres, on s'en doute, ne se distinguent que pour les besoins de l'analyse. Quand le jeune Cleveland apprend qu'Axminster consent à lui accorder la main de Fanny, sa joie les combine d'emblée:

> J'étais si surpris, et si charmé en même temps de ce que j'entendais, que jamais une vérité ne me parut si fort approcher d'un songe. Les mouvements mêmes que mon coeur ressentait me paraissaient d'une autre espèce que ceux qu'on éprouve en veillant. C'était quelque chose qui me semblait supérieur à la nature, quelque chose qui tenait d'un état au-dessus de la portée des hommes: c'était... il est impossible que je l'exprime... (p.81)

Le rêve comme l'enchantement haussent le sentiment au-dessus de tout soupçon de banalité ou de contingence: il n'en fallait sans doute pas moins pour ce premier sommet heureux du roman. Les deux registres se rejoignent de même, pour ce que j'appellerais volontiers un degré zéro commun, dans les passages assez nombreux -il s'agit au total d'une quinzaine d'occurrences- qui font état d'émois "étranges". Il s'agit quelquefois d'émotions qu'on devine en effet mêlées ou insolites. Milady Axminster ressent "une étrange agitation" (p.40) quand son mari lui présente le jeune Cleveland comme un fils de Cromwell qui pourra devenir un ami; l'annonce a de quoi surprendre. On ne s'étonne pas beaucoup plus, à première lecture, des "étranges mouvements" (p.49) de Milord Axminster au chevet de sa femme agonisante: elle vient d'être la victime d'un viol et doute si son mari le lui pardonne. Les "étranges mouvements", pourtant, ne renvoient pas à une quelconque ambivalence; Axminster, qui raconte l'épisode, suggère plutôt que l'épouse et l'ami qui assiste à l'entrevue doutent à tort de sa tendresse:

> Milord Terwill, qui était à côté de moi auprès de son lit, et qui croyait comme elle que son malheur avait changé mes sentiments, ne put s'empêcher de me faire des reproches de mon injustice et de ma dureté. Que ne pouvaient-ils pénétrer tous deux au fond de mon coeur! Oh! Qu'il s'y passait d'étranges mouvements! (p.49)

Bridge, dans sa prison rocheloise, attend impatiemment l'exécution capitale qui doit enfin lui faire revoir son Angélique condamnée au même supplice:

> Admirez un des plus étranges effets de l'amour: je sentais une espèce d'impatience de voir arriver mes gardes et mes exécuteurs: non que la mort commençât à me paraître moins terrible, mais l'ardeur pressante que j'avais de revoir Angélique me faisait oublier que ce plaisir ne me serait accordé que pour m'être aussitôt ravi cruellement. Toute mon attention se réunissa(i)t sur elle et sur la douceur que j'allais trouver à lui parler et à l'entendre... (p.156)

Cleveland lui-même se découvre pareillement bien des réactions étranges. Il serait fastidieux de les énumérer d'affilée. Je note donc seulement que, si l'adjectif paraît à chaque fois appelé par une situation plutôt hors du commun (on sait que le roman n'en manque pas), le narateur n'en choisit pas moins imperturbablement de l'appliquer aux sentiments qu'elle lui inspire. Quand Cleveland retrouve Axminster et Fanny dans les déserts du Nouveau Monde, ces retrouvailles au fond d'un continent immense et largement inexploré défient bien entendu toute vraisemblance. Comme il s'y était aventuré pour les y chercher, l'idée s'impose qu'il avait au moins eu le temps de se préparer mentalement, d'imaginer d'avance les délices d'un si heureux hasard. Cela ne l'empêche pas de paraître surtout surpris de ses propres réactions à l'aubaine:

> J'aperçus Milord, nu, étendu sur l'herbe (...); le prévenant par un mouvement tout passionné, je me jetai à genoux auprès des siens, et je les embrassai avec une ardeur que nul autre que moi n'a jamais sentie. Ciel! vous en fûtes témoin. Oh! Qu'il se passa en un instant d'étranges choses dans mon coeur. (p.180)

Ces "étranges choses", à les considérer froidement, devraient pourtant se réduire à une joie intense mêlée de pitié et de curiosité. Le narrateur préfère suggérer on ne sait quel vécu inédit. Des années plus tard, ses premiers émois devant Cecile lui inspirent un étonnement tout aussi surprenant:

> J'étais sans crainte et sans précaution parce que j'ignorais ce que c'était que le péril. Aussi m'arriva-t-il d'y succomber presque sans défense; et ce qu'il y d'étrange, c'est que ma raison fut séduite aussitôt que mes sens. (p.315)

Ces sucès instantanés des surprises de l'amour font un texte fort coutumier; le narrateur préfère ignorer qu'il rejoint un rendez-vous très fréquenté.

Les émois "étranges" de Cleveland ne sont pas toujours si élémentaires; nous en retrouverons quelques-uns. L'adjectif, ainsi, signe l'idéal que les prodiges et les psycho-logiques sophistiquées qui restent à détailler s'acharnent à accréditer plus concrètement. Il faut ici que l'émoi et les relations senties se distinguent autant que possible du tout-venant des rapports humains[2]. Ce n'est qu'ainsi qu'on pouvait raisonnablement espérer qu'ils suppléeraient leur omniprésente érosion.

Prodiges

L'amour courtois réussissait des prouesses surhumaines; il se jouait rarement, sauf à bénéficier de l'aide d'enchanteurs ou de fées, des lois de la nature. Leur intervention restait au demeurant factuelle, elle favorisait ou compromettait le succès des amours racontées, mais n'impliquait aucune ambition surnaturelle de celles-ci. *Cleveland* avait quelques motifs supplémentaires de s'interdire ces sortilèges. Le propos apologétique affiché interdit les surnaturels de rechange, le souci de proposer une religion éclairée impose de se montrer raisonnable et d'éviter toute crédulité. Prévost se garde donc d'abonder dans ce sens; il n'en est que plus frappant qu'il avait, de ce côté, fort besoin de se garder. La sensibilité, dans bien des épisodes de notre roman, côtoie au moins le miracle.

La sagesse des nations n'a jamais ignoré que le moral pût influer sur le physique. Prévost imagine, à l'abri de cette vieille banalité, des effets assez surpre-

---

[2] Interprétée dans un registre très librement freudien, la prédilection pour les sentiments "étranges" pourrait comporter certain retour du refoulé. Le nouveau quant-à-soi individualiste n'admet (dans toutes les acceptions du terme) que les voisinages contingents; les sentiments dont il s'agit ici pouvaient d'abord paraître étranges de comporter une proximité intense. Mais comment vérifier une telle intuition?

nants pour amorcer un authentique merveilleux psychosomatique. Cleveland s'évanouit peu ou prou quand Bridge, après un jour de recherches vaines, lui apprend enfin le départ de Fanny avec Gelin; ce contrecoup paraît quasi prévisible. Le texte le rend moins anodin en raffinant sur le détail du réveil:

> Il s'était fait un si étrange épuisement dans mes forces que je demeurai plus d'une heure sans en retrouver assez pour répondre à leurs questions et pour leur faire connaître que j'étais revenu à moi-même. J'avais les yeux fermés et la tête appuyée languissamment contre le dos de ma chaise. Ma respiration était haute et convulsive; j'entendais tout ce qui se disait autour de moi, mais je ne me sentais ni le pouvoir ni la volonté de remuer la langue pour y prendre part. Qu'on se figure une victime étendue au pied de l'autel, après avoir reçu le coup du sacrifice: j'étais dans le même état, sans autre mouvement que celui d'une palpitation violente qui se communiquait du coeur à toutes les parties de mon corps et qui causait un tremblement visible dans tous mes membres. (p.270)

Il semble presque cruel de noter que Cleveland, au plus profond de sa débâcle, retrouve la posture fondamentale que le roman n'en finit pas de dénier. Qui n'a "ni le pouvoir ni la volonté de remuer (s)a langue" choisit obscurément de s'isoler -sans trop se soucier de rassurer les sollicitudes très inquiètes qui l'entourent. La comparaison qui suit est des plus surprenantes[3]: la "victime" frappée du "coup du sacrifice" devrait plutôt être morte que moribonde et se retrouver d'ailleurs sur l'autel et non pas devant. Ne chicanons pas: Cleveland aurait pu donner la preuve suprême de son amour en mourant de chagrin; la comparaison impropre le rapproche autant que possible de cette issue fatale, que l'intrigue interdisait de toute manière. Elle auréole aussi la catastrophe de certaine horreur sacrée: c'est encore grandir l'émoi que de lui offrir un sacrifice...

Les retrouvailles des époux se ponctuent elles aussi de prodiges. Cleveland revoit d'abord Fanny quand Madame tâche de brusquer leur réconciliation. Il se rétablit alors d'une tentative d'assassinat qui lui a laissé des blessures fort dangereuses; Madame amène Fanny à son chevet de malade et compte qu'une initiative si hardie, qui la montre absolument convaincue de l'innocence de la fugitive, suffira à faire passer cette conviction dans le coeur de l'époux abandonné.

---

[3] Peu importe qu'elle ne corresponde pour les lecteurs de Prévost à aucune réalité familière: elle n'en paraissait que plus homérique...

Prodiges

Après un nouveau "mortel évanouissement" qu'on dirait bref, le malade, qui se demande si Fanny ne serait pas complice de la tentative de Gelin, l'accueille par une "brutale exclamation" (p.374). La princesse s'était attendue à un tout autre effet:

> Que prétendez-vous donc, reprit Madame (...). La seule présence (de Fanny) devrait vous rendre tout d'un coup la santé, si vous avez jamais eu pour elle la moitié de cette tendresse que vous m'avez tant de fois vantée... (pp.374-75)

Madame, on le voit, énonce à son tour le doute central que le roman cherche d'un bout à l'autre à surclasser. Il y tâche en l'occurrence par un double miracle. Miracle noir d'abord: "la seule présence" de Fanny rouvre les blessures de Cleveland, qui perd assez de sang pour faire craindre à nouveau pour sa vie. On sait comment une superstition très répandue, qui remonte à telles ordalies du moyen-âge, voulait que le cadavre d'un homme assassiné se remettait souvent à saigner quand on y confrontait son meurtrier. Mieux au courant que Cleveland, le lecteur, à ce stade de sa lecture, ne garde aucun doute sur l'innocence de Fanny; Prévost, par un emprunt audacieux, indique que l'émoi malheureux opère les mêmes prodiges que la justice divine. Les cris de Fanny à la vue de ce sang inattendu donnent lieu à un second succès peut-être plus inattendu encore:

> Je l'avouerai, à la honte de cette fausse et violente insensibilité que j'affectais, le ton de cette voix naturellement tendre et touchante, autrefois et si longtemps les délices de mes oreilles et le charme de tous mes sens, ces douces inflexions qui avaient réveillé si souvent dans mon coeur la complaisance et l'amour, firent plus d'impression sur moi que toutes les instances de Madame et que mes propres raisonnements. Un baume précieux versé dans mes plaies n'y aurait pas répandu tant de fraîcheur. (pp.375-76)

Comme quoi "la seule présence" de l'épouse crue coupable contribuerait aussi, par on ne sait quelles voies mystérieuses[4], à la guérison de Cleveland.

---

[4] Le 'baume précieux" pourrait rappeler la Madeleine; la jeune femme éplorée et agenouillée aux côtés du lit de son époux retrouve, même si elle n'a rien à se reprocher, la posture traditionnelle de la pécheresse repentie. Cela ferait une connotation religieuse de plus.

Le coeur et ses raisons

Ce semblant d'amélioration n'aura aucune suite appréciable: Prévost tenait à répéter son effet. Quelques jours plus tard, Cleveland reçoit la lettre d'Angélique qui le convainc pour de bon de l'innocence de Fanny; on notera que, dans cette *Scène de la vie privée*, le témoignage de la belle-soeur, dont la lettre ne fournit elle aussi aucune vraie preuve, paraît d'emblée plus probant que celui de la princesse. L'impact ne se fait pas attendre et est garanti par une sorte d'expertise médicale:

> Mon sang bouillait dans mes veines, mais c'était d'une chaleur délicieuse, et dont tous les mouvements semblaient me rendre autant de degrés de forces et de vie (...). Avec beaucoup de faiblesse, (les chirurgiens) me trouv(èrent) des signes si heureux qu'ils firent mieux augurer que jamais. (p.441)

Ces augures sont oubliées à leur tour; il le fallait pour que la rentrée définitive de la fugitive sous le toit conjugal pût donner lieu à une guérison miraculeuse. Cleveland, depuis ses blessures, avait tout au plus quitté son lit pour s'installer dans quelque fauteuil; il court maintenant au-devant de Fanny:

> A me voir traverser si légèrement la cour, qui m'aurait pris pour ce même homme qui se croyait quatre jours auparavant à la dernière heure de sa vie, et qui n'attendait plus rien de la nature non plus que de la fortune et de l'amour! Prodige de la joie, qui surpasse tous ceux que j'ai racontés de la douleur! (p.512)

Quand il apprend le même jour la véritable identité de Cecile, ce redoublement de joie se solde d'abord, on l'imagine, par un nouvel "évanouissement qui aurait sans doute été mortel si le ciel n'eût fait un miracle pour (s)a conservation" (p.514). Il n'est au moins pas évident qu'il faille vraiment en faire hommage au ciel. Le "miracle", de toute manière, sert surtout à amener une nouvelle expertise médicale, qui s'assortit d'une glose tout humaine:

> Ayant pris soin de visiter mes blessures, (les chirurgiens) furent (...) surpris de les trouver si fraîches et si vermeilles qu'il ne manquait aux chairs que le secours du temps pour se raffermir. L'excès de la joie peut épuiser dangereusement les esprits; mais loin de communiquer au sang quelque ardeur maligne, c'est un baume précieux qui n'y répand qu'une douce et salutaire fraîcheur. (p.514)

Prodiges

Ces effets, qui illustrent la force de l'émoi, ne sont pourtant pas assez instantanés pour avoir une allure proprement miraculeuse. Rien n'empêche en principe de supposer que les "chairs" blessées de Cleveland aient repris fraîcheur et bon teint au cours des "quatre jours" qui séparent la lettre d'Angélique des retrouvailles définitives. Prévost a choisi, peut-être par prudence, de réserver son miracle le plus sensationnel pour un personnage et un épisode secondaires.

Retournant en Europe sous la conduite de Gelin, Fanny s'arrête quelque temps dans le petit port espagnol de La Corogne et y fait très involontairement la conquête du fils du gouverneur de la ville, Dom Thadeo. Comme il n'est pas le seul à se mettre sur les rangs, il ne tarde pas à avoir un duel sur les bras; il en sort dangereusement blessé, les médecins désespèrent de sa vie. Le gouverneur s'avise alors d'un ultime espoir et supplie Fanny de rendre une brève visite à l'agonisant:

> Qui sait ce qu'un moment peut produire? On a vu mille fois de ces miracles de l'amour. Un instant de votre présence ferait peut-être plus que tous les remèdes. (p.420)

Fanny, après quelque hésitation, accède à sa demande. Dom Thadeo, quand elle entre dans sa chambre, est au plus bas, "la pâleur de la mort (est) déjà sur son visage" (p.420), les médecins "ne lui trouv(e)nt plus de pouls" (p.421). Son coeur se remet pourtant à battre dès que son père prononce le nom de la visiteuse:

> Donnez, ma soeur, le nom que vous voudrez à cet étrange accident; mais à peine le gouverneur eût-il prononcé le mien que Thadeo poussa un profond soupir; et le médecin qui lui tenait le bras, et qui ignorait le sujet de ma visite, nous avertit qu'il recommençait à sentir le mouvement de l'artère. Je profitai de ce moment pour adresser moi-même quelques civilités au malade. Le son de ma voix acheva de le réveiller de sa léthargie. Il ouvrit les yeux. Ses premiers regards me parurent faibles et troublés; mais les ayant fixés sur moi, je remarquai qu'ils s'éclaircissaient par degrés... (p.421)

L'amour de Dom Thadeo n'est pas partagé et n'a aucun avenir. Prévost y risque un prodige qu'il a pu trouver trop osé pour son intrigue centrale. Le gouverneur a beau affirmer qu'on "a vu mille fois" des faits analogues; c'est l'exagération d'un père qui s'obstine au seul espoir qui reste. Le moyen âge ni le roman baroque n'avaient jamais, à ma connaissance, raconté des guérisons si directement liés à la seule efficace de l'amour[5]. Tout au plus telles bien aimées disposaient-elles d'un philtre ou d'une formule magique. Que la vue de l'aimée guérisse par elle-même avait été jusque-là une hyperbole de la rhétorique amoureuse. Prévost raconte un fait et y distingue même quelques étapes pour mieux souligner son effectivité concrète: le pouls reprend, les yeux s'ouvrent, le regard s'éclaircit...

Fanny s'abstient prudemment de qualifier son "étrange accident"; Angélique, qui l'écoute et l'a déjà quelquefois interrompue, garde elle aussi le silence. Ces réserves me paraissent ébaucher, près d'un demi-siècle avant *Le diable amoureux* (1772), une toute première hésitation fantastique. La soudaine amélioration de l'état de Dom Thadeo à ce moment précis peut être une coïncidence fortuite ou un authentique "miracle"; le texte penche de toute évidence en faveur de la seconde hypothèse mais ne va pas jusqu'à l'imposer. Le fantastique romantique, pour raconter des prodiges plus voyants et moins épisodiques, pratiquera les mêmes balancements; lui aussi les mettra souvent au service d'une intrigue de trempe sentimentale[6]. Fanny, comment lui en vouloir, ne maîtrise pas encore tout à fait cette retenue. Quand, plus tard dans son récit, elle revient un instant à cet épisode, la réminiscence préfère l'affirmation pure et simple -et "applique" du coup le prodige à ses propres amours:

> Vous ai-je fait remarquer qu'étant à secourir Dom Thadeo, j'avais admiré tous les changements que la violence de sa passion produisait devant mes yeux? Je ne m'étais pas livrée à cette réflexion sans rappeler secrètement combien de fois l'amour m'avait fait ressentir le même pouvoir. (p.424)

---

[5] Le dénouement de *L'amant ressuscité de la mort d'amour* (Nicolas Denisot, 1558) propose exactement le cas de figure inverse. L'Amant trahi par sa bien aimée meurt de chagrin; quand il "ressuscite" le lendemain, ses amis sont émerveillés de constater qu'il a complètement oublié ses chagrins. Il a "esté traité de la propre main de Dieu" (p.384)...

[6] La résurrection par l'amour restera un thème central du genre, traité entre autres par Charles Nodier, E.T.A.Hoffmann, Théophile Gautier, Villiers de l'Isle-Adam, E.A. Poe... Je me contente de rappeler quelques lignes de *Véra* (1874), qui indique avec une netteté inaccoutumée que la sensibilité est bien, pour le couple dont il relate la surprenante aventure, une insertion de rechange: "La Mort n'est une circonstance définitive que pour ceux qui espèrent des cieux; *mais la Mort, et les Cieux, et la Vie, pour elle, n'était-ce pas ce leur embrassement! Et le baiser solitaire de son époux attirait ses lèvres dans l'ombre.* (Villiers, *Contes cruels*, p.55; je souligne).

Prodiges

Peut-on parler fantastique au sujet d'un texte qui date de 1738? Les théoriciens du genre ont généralement cherché à le définir par rapport à des écritures réalistes, considérées comme le régime en quelque sorte naturel de la fiction. C'était peut-être oublier que le réalisme classique du XIXème siècle, s'il ne lui est même légérement postérieur, est au mieux contemporain du fantastique. Au moment des origines du genre, la scène littéraire européenne était dominée par des ferveurs sensibles plutôt que par quelque ambition balzacienne. On pourrait faire un bout de chemin en se demandant si le fantastique n'aurait pas cherché d'abord à réaliser enfin, après deux générations d'efforts surtout rhétoriques, l'ambition secrète du roman sentimental. Hoffmann et ses émules aligneraient en ce cas des anecdotes dont la visée commune serait d'illustrer certaine numinosité de l'émoi.

L'hypothèse nous entraînerait ici trop loin de *Cleveland*, qui se limite en tout état de cause à un lointain coup d'envoi. J'observe pourtant que, comme pour confirmer le voisinage génologique, le même épisode de notre roman raconte encore, juste avant le miracle de l'amour, un autre prodige qui relève, lui, du surnaturel expliqué. Par une de ces coïncidences dont Prévost est friand, le navire de Cleveland arrive à La Corogne quelques jours à peine après celui qui avait recueilli Fanny. Bridge, qui accompagne son demi-frère, descend un instant sur la rade et s'y heurte immanquablement à Gelin. S'ensuit un duel de plus, où Gelin a le malheur de tuer son ancien ami. Fanny n'a droit qu'à une version assez partisane de cette catastrophe, dont Gelin sort lui aussi gravement blessé et, de ce fait, incapable de la protéger. C'est alors que la fugitive, qui se croit poursuivie, se réfugie chez le gouverneur de la ville.

Les bâtis de Prévost sont généralement aussi abstraits que ses déserts. Le palais du gouverneur fait exception, il respire déjà l'atmosphère de la *gothic novel*[7] :

> Tout se ressentait encore des vieux usages de la nation. La chambre que je devais habiter n'avait qu'une fenêtre étroite et grillée qui donnait sur la rue (...). Deux alcôves, dont l'une était la place du lit et l'autre celle d'un grand prie-Dieu, formaient comme deux chapelles qui étaient vis-à-vis l'une de l'autre, et dont l'entrée était défendue par un grillage de cuivre. L'ameublement, jusqu'aux chaises et aux rideaux des alcôves, était de velours noir, bordé d'un large galon d'or (...). Comme la nuit qui s'avançait

---

[7] *The Castle of Otranto*, de sir Horace Walpole, qu'on considère traditionnellement comme le premier spécimen du genre, date de 1764.

redoublait l'obscurité naturelle d'un lieu fort large et fort élevé, je crus entrer dans un vaste tombeau... (p.411)

Dans cette chambre obscure, Fanny croit voir à deux reprises, dans l'alcôve qui fait face à la sienne, les traits d'un revenant. Elle l'identifie de suite à Bridge, ce beau-frère qu'elle avait beaucoup aimé et qu'elle regrette d'autant plus qu'elle se sait indirectement responsable de sa mort. Le défunt pourrait revenir pour lui faire des reproches, voire pour se venger, ou au contraire pour lui apprendre qu'il connaît maintenant son innocence. La seconde éventualité finissant par paraître la plus probable, Fanny attend impatiemment "le retour de ce qui (l)'avait effrayée" (p.412) et se sent, quand elle croit enfin le revoir, prête à le suivre dans la mort:

> Que veux-tu de moi, cher frère, étais-je prête à m'écrier à tous moments, quel dessein t'amène? Parle, qu'attends-tu de ta triste soeur? Viens-tu me consoler de mes peines ou m'aider à mourir? Ce fut dans un ces transports qu'oubliant toutes mes frayeurs, j'étendis mes bras vers l'alcôve avec un mouvement si vif que je crus mon âme prête à m'abandonner. Ah! Chère ombre, allais-je m'écrier... (p.414)

Nous apprenons une page plus loin que le prétendu spectre n'était autre que Dom Thadeo, qui a profité des replis obscurs de la seconde alcôve pour venir contempler Fanny; il ne s'est rien passé de proprement surnaturel. La méprise, entretemps, nous aura édifiés sur une disponibilité émouvante: Fanny s'est montrée à la hauteur de ce que doit être un deuil senti, nous savons désormais qu'elle aurait accepté, si cette invite lui était parvenue, de suivre un cher disparu dans la mort.

Sa méprise ne sert aussi qu'à amener cette belle image. Fanny, qui raconte l'épisode à sa belle-soeur, précise qu'il "n'apporte aucun éclaircissement au fond de (s)on histoire", mais qu'elle s'en voudrait de "cacher une des plus tristes aventures de (s)a vie", dont "le seul souvenir (lui) cause encore de l'émotion" (p.411). Dans un contexte uniment éclairé, le récit d'une telle erreur dénoncerait plutôt les dangers de la crédulité; Prévost y inscrit une performance du sentiment. La confession de Gelin ébauche un déplacement analogue quand le séducteur repenti raconte comment, en désespoir de cause, il avait en vain eu recours à un charme pour triompher enfin de la résistance de Fanny.

Son échec, pour une fois, corrige un modèle précis. La sixième *Histoire* des *Illustres Françaises* raconte comment le mariage secret de Des Frans et de Silvie tourne à la tragédie quand l'infâme Gallouin, après bien des poursuites inutiles, triomphe enfin de la fidélité de Silvie par un charme[8]. Elle lui donne aussitôt un rendez-vous, qui restera d'ailleurs unique puisque l'envoûtement se dissipe dès le lendemain; il se trouve par malheur que Des Frans, inopinément revenu de voyage, les a surpris endormis aux bras l'un de l'autre. Robert Challe admet sans le discuter[9] l'efficace du sortilège, qui lui permet aussi d'indiquer comment même un amour authentique et admirable n'est pas à l'abri de tout risque. Cela nous ramène, comme c'est généralement le cas dans *Les illustres françaises*, à un Ancien Régime encore étranger à la *révolution du sentiment*. Pour un peu, Challe serait le dernier grand romancier français qui saurait encore raconter des amours émouvantes sans les décréter pour autant absolument au-dessus de toute atteinte.

Prévost, dont le goût pour Challe est bien connu, aurait pu prendre ses distances "philosophiques" par rapport à cet instant de crédulité de son grand prédécesseur. Il s'ingénie au contraire à souligner lourdement le risque que les manigances de Gelin pouvaient comporter:

> Qui sait à quelles horreurs (de) si étranges entreprises auraient abouti, si la main du ciel n'en eût arrêté le cours? Ne parle-t-on pas de philtres et de poisons qui, sans avoir la force peut-être d'agir sur le coeur, n'en ont eu quelquefois que trop pour agir sur la raison? A quoi mon audacieuse fureur n'exposait-elle pas votre épouse? J'en aurais été puni le premier par mon désespoir, mais aurait-il réparé le plus funeste de tous mes malheurs? (p.468)

Fanny n'en est que plus admirable d'échapper sans la moindre peine à ces conjurations, dont elle ne se doute seulement pas. L'ami qui a entraîné Gelin vers ces voies infernales

> confesse qu'il fallait que le le coeur de (Fanny) fût étrangement préoccupé pour résister si longtemps à la force du charme. (p.469)

Le lecteur comprend que l'amour conjugal de Fanny défie tout envoûtement. Pareil satisfecit n'aurait aucune valeur si les charmes mis en oeuvre paraissaient

---

[8] Cf. Challe, *Les illustres françaises*, pp.613-18.

[9] On sait qu'il le discute un peu, pour aboutir à une conclusion positive, dans ses lettres au *Journal littéraire de La Haye*. Cf. Challe, *Mémoires....*, pp.461-62 et 472-75.

ici complètement illusoires; les faisant vaincre par l'amour, Prévost en recueille les prestiges sans se voir obligé à y croire en toutes lettres.

La guérison quasi miraculeuse, l'apparition accueillie avec ferveur, les envoûtements déjoués... parent les émois d'une réverbération surnaturelle. L'énonciation réservée, l'explication naturelle du revenant, l'inefficacité même des sortilèges garantissent en même temps que la raison éclairée n'est guère loin. Ce mystère-là du sentiment ne peut en effet s'énoncer qu'en ordre dispersé: toute affirmation systématique ou trop directe compromettrait une suggestion si invraisemblable.

Je termine cet inventaire disparate sur quelques passages où la suggestion, si on veut bien l'y reconnaître, se réduit à un seul mot. Le jeune Cleveland se doute la première fois de ses sentiments pour Fanny en se découvrant une réaction inattendue:

> Les premières lumières que j'en eus me vinrent d'une espèce de frémissement que j'éprouvais à son approche... (p.56)

La désignation approximative (une espèce de...) semblerait mimer la naïve surprise de l'adolescent. Elle revient pourtant lorsque Cleveland, à La Corogne, essaie, au chevet de Bridge qu'on lui a rapporté mourant, de cacher sa douleur:

> Les efforts que je fis pour étouffer jusqu'à mes soupirs furent si violents que je sentis plus d'une fois cette espèce de frémissement que je m'imagine que l'âme doit éprouver lorsqu'elle est prête à se séparer du corps. (p.274)

Etrange comparaison hypothétique, suggérée bien sûr par une situation où la mort est de toute manière proche; elle donne à penser qu'on a affaire à une expérience rien moins que quelconque et voisine de l'énigme suprême. Quand l'âme est "prête à se séparer du corps", elle s'achemine vers une surnature qui est aussi son lieu naturel...

Le substantif réaffleure quand Cleveland, nouvellement épris de Cecile, apprend du père de celle-ci que la fuite de Fanny lui permettrait, en sa qualité de protestant, de faire casser son premier mariage par quelque consistoire. Cette perspective, qui devrait l'enchanter, le consterne:

> J'aurais besoin de quelque tour nouveau pour expliquer une des plus étranges situations où le coeur d'un homme se soit jamais trouvé (...).

Prodiges

> Dès le premier mot qui me fit comprendre ce qui m'était proposé par M. de R., je sentis un frémissement douloureux qui se répandit dans tous mes membres. Chaque fois que je lui entendais prononcer *rompre mon mariage*, il me semblait qu'il me déchirât le coeur. C'était un pur sentiment, qui n'était accompagné d'aucune idée. (p.341)

L'amour pour la fugitive n'a donc rien perdu de sa force. Le narrateur, qui connaît nécessairement ce mot de l'énigme, préfère le laisser deviner à travers un nouveau frémissement, qui serait "un événement sans exemple" (p.341); il n'est pas sûr que Prévost ait remarqué lui-même qu'il répétait son effet. Toujours est-il qu'il le reprend une dernière fois lorsqu'après l'attentat manqué de Gelin, Cleveland se demande un bref moment si Fanny ne serait pas complice:

> Cette pensée (...) m'avait causé une espèce de frémissement en se présentant à mon esprit pour la première fois. (p.353)

Le terme réapparaît donc à quatre reprises pour des situations à chaque fois extrêmes, qu'il grandit alors d'un vague mystère. Il prend toute sa portée quand on s'avise qu'il devait garder au XVIIIème siècle une résonance évangélique fort sensible. Sa racine latine revient, comme on sait, dans quelques épisodes miraculeux et notamment dans deux versets célèbres[10] du récit de la résurrection de Lazare. L'exégèse traditionelle y appréhendait un vénérable indice sur le mystérieux voisinage, dans la personne du Christ, des natures divine et humaine, que l'approche du miracle devait manifester avec un éclat particulier. C'est ce même voisinage du sacré que Cleveland, toujours modeste, voudrait nous faire reconnaître au travers de ses émois les plus pathétiques.

Inconsciences

La répugnance de Cleveland devant la proposition de Monsieur de R est un pur "sentiment, qui n'était accompagné d'aucune idée"; lui-même ignore pourquoi ce divorce soudain possible lui "déchir(e) le coeur". Ce n'est pas, loin de là, le seul passage de notre roman où le narrateur est poussé par des mobiles

---

[10] Cf. *Jean* XI:33 ('fremuit spiritu et turbavit se ipsum") et 38 ('Iesus ergo rursum fremens in semet ipso...')

Le coeur et ses raisons

dont il ne se rend pas compte; Prévost, pour grandir l'émoi, le fait se jouer des limites du moi aussi bien que de celles du monde.

Le thème n'est bien sûr pas neuf. La capacité quasi infinie de se leurrer soi-même figurait depuis longtemps en bonne place parmi les misères du coeur humain familières aux moralistes. Prévost raconte à son tour plus d'un aveuglement uniment négatif. Quand Cleveland imagine d'agrémenter son bonheur conjugal retrouvé de tous les plaisirs de la vie de Paris, cet abandon aux séductions du monde se solde presque aussitôt par un affaissement dont le texte indique qu'il rejoint une voie de perdition connue:

> Je n'ai jamais si bien reconnu que dans cette situation combien nous devenons obscurs et impénétrables à nous-mêmes aussitôt que l'imagination se livre à de frivoles amusements... (p.575)

Le même aveuglement malsain domine, de façon plus inattendue, la scène capitale où Cleveland et Cecile, au long de leur premier tête-à-tête, sont bien près de succomber à la tentation. Il s'est alors chargé de la conduire à Rouen, d'où cette huguenote pourra émigrer avec les siens en Angleterre. L'un et l'autre sont désolés d'une séparation qui risque de se prolonger longtemps; il finit donc par l'installer plutôt dans un pavillon de son parc, où elle serait aussi bien à l'abri de toutes vexations. Cleveland l'y amène et écarte les uns après l'autres les serviteurs qui avaient accompagné son voyage; il agit sous le coup d'un espoir inavouable:

> Je ne sais si parmi mes lecteurs il s'en trouvera un d'assez clairvoyant pour pénétrer ici dans les motifs secrets qui me faisaient agir, et pour y découvrir ce que j'ignorais alors moi-même, ou du moins ce qu'une aveugle et fatale passion m'ôtait la volonté d'apercevoir (...). Mon coeur tendait sourdement à satisfaire tous ses désirs: arrêté néanmoins et comme effrayé par un reste de vertu et d'honneur, il eût désavoué cette coupable intention si je lui eusse demandé compte de ses sentiments... (p.327)

Cette "disposition si obscure et si équivoque", qui "prouve" une fois de plus "le terrible aveuglement des passions" (p.327), n'aboutit pourtant pas à

Inconsciences

l'irréparable. Le narrateur y salue "le plus inespéré de tous les miracles" (p.328)[11]...

A côté de ces anciennes réserves, Prévost aligne une série de débordements du moi plus positifs, dont le rôle essentiel est de démontrer la peu résistible emprise, et dès lors la vertu liante, des émois. Cela même n'est pas tout à fait neuf. Le topos de la surprise de l'amour disait depuis le roman grec la toute-puissance de Cupidon. Il est vrai qu'il appelait le sourire plutôt que l'émotion et que, comme il portait sur des amours naissantes, ce n'est pas précisément leur solidité ni leur durée qu'il pouvait attester. Les protagonistes des deux *Surprise* de Marivaux s'adonnent à de *nouvelles* inclinations après avoir juré le contraire suite à une première déconvenue. Leur inconséquence renforce la *vis comica* en prouvant qu'il ne sert à rien d'abjurer Cupidon puisque "tous les renégats font mauvaise fin"[12].

Cleveland, quand il vit à son tour[13] cette surprise, n'a rien à renier. Fanny est son premier amour; les conventions du grand romanesque aidant, le lecteur pressent que cet amour sera la grande affaire de sa vie. Sa naïve surprise s'énonce en outre sur un ton pathétique soutenu. Rien n'indique que le narrateur, qui relate ces affres sur le soir de sa vie, les regarde avec la moindre ironie. Cela seul suffirait à indiquer que le scénario sans âge va ici au-devant d'une nouvelle urgence. Il s'agit désormais de rassurer une inquiétude que les plaisanteries traditionnelles sur les candeurs des amoureux inexpérimentés ou naïfs ne devinaient même pas.

Aussi Prévost choisit-il de répéter ses surprises au-delà des commencements premiers. Se croyant trahis l'un par l'autre, Fanny et Cleveland découvrent plusieurs fois, avec un étonnement toujours neuf, que l'infidélité présumée du partenaire n'a pas entamé leurs propres sentiments. Après l'escale agitée de La Corogne, Fanny trouve quelque repos à Bayonne. Elle y cède avec empressement à une "envie d'être seule" qui la "press(e) comme une passion violente" (p.426). Envie que ses tribulations expliquent de reste, où l'on reconnaîtrait d'ailleurs une pente secrète du roman, mais qui, en l'occurrence, aboutit à une étrange mise au point:

---

[11] Le "miracle" ne le ramène d'ailleurs pas tout de suite à de meilleurs sentiments; le lendemain, Cleveland en est toujours "à ce point d'aveuglement où l'on craint moins le poison que les remèdes" (p.335).

[12] Marivaux, *Théâtre I*, p.198 (*La surprise de l'amour*, I/7).

[13] Rappelons que les deux comédies de Marivaux datent respectivement de 1722 et de 1727.

> Je ne découvrais pas clairement ce qui se passait dans mon coeur, mais j'y sentais depuis La Corogne des agitations qui ne ressemblaient point à celles que j'avais éprouvées. Je voulais les démêler sans être interrompue. Je portais dans mon propre sein un secret qui m'était comme inconnu à moi-même et qu'il me semblait important d'approfondir. (p.426)

Nous voici à mille lieues des charmants désarrois de la tradition. Le changement de ton est d'autant plus frappant que le "secret" si "important" à "approfondir" s'avère des plus faciles à percer:

> Mais cette entreprise me coûta peu, et je vous tiens trop suspendue. Que croyez-vous, ma soeur, que je trouvai dans ce coeur si longtemps inconsolable, à la place de la jalousie, de la fureur, et de toutes les mortelles passions qui l'avaient déchiré? J'y trouvai l'amour, avec toutes ses tendresses et ses plus ardents transports... (p.426)

Cleveland, quand il apprend la fuite de Fanny, a d'abord plus de mal à élucider ses sentiments:

> Dans le trouble d'esprit ou de coeur où j'étais, je ne pouvais même démêler quels étaient les mouvements qui dominaient dans mon âme. Il me fut impossible, après deux heures de solitude et de méditation, de me répondre nettement à moi-même lorsque je me demandais si je détestais mon épouse ou si je l'adorais encore. (p.270)

Il est édifié une première fois à La Corogne, où la mort de Bridge ne l'empêche pas de se montrer fort ému la proximité de Fanny. Il a alors "honte de sentir que l'amour (l)'intéress(e) encore pour elle jusqu'à ce point" et s'empresse de repartir de "cette malheureuse côté" (p.276) pour mieux s'interdire toute démarche inconsidérée. Sa "honte" suffit apparemment aussi pour le rendre à ses incertitudes. Le mystère se dissipe donc une seconde fois quand Madame, dès leur première entrevue, lui conseille tout uniment de pardonner à Fanny, dont la retraite édifiante au couvent de Chaillot paraît alors attester le repentir. Cleveland rejette respectueusement le conseil de la princesse, mais en tire au moins un éclaircissement:

Inconsciences

> Votre proposition m'éclaircit un doute dont je ne croyais pas qu'il me fût possible de sortir aisément. Je ne pouvais démêler s'il me restait encore de la tendresse pour mon infidèle; et je ne sens que trop à ce moment, par l'avidité avec laquelle mon coeur se prête à votre conseil, que je me flatterais en vain d'être guéri de l'amour. (p.305)

La force des émois s'atteste aussi par des réactions quasi compulsives. Quelques-unes ne signifient rien de précis; la seule bizarrerie de ces cris ou de ces marques d'effroi involontaires, dont les intéressés ne s'aperçoivent que par le seul étonnement[14] de leurs entours, montre alors que l'émotion qui y donne lieu sort des voies communes. Il est déjà moins anodin que Fanny, au départ de Sainte Hélène, refuse obstinément les insinuations de Gelin, qui voudrait s'arrêter avec elle au Cap Verd ou à Madère. Les arrière-pensées de l'ami félon sont trop claires pour le lecteur; Fanny ne les devine pas et n'a

> point d'autre objection a lui faire que le penchant qui (la) faisait souhaiter de retourner en Europe, apparemment par l'espérance secrète d'être moins éloignée de (s)on mari et de (s)es enfants. (p.398)

Elle dira quelques pages plus tard que le souci de son honneur d'épouse lui interdit de se dérober aux regards dans un lieu retiré. Son premier mouvement ne s'avise pas encore de ce scrupule et recherche, dans le retour en Europe, une proximité pure[15]. Cleveland, nous venons de le voir, s'arrache non sans mal[16] au rendez-vous involontaire de La Corogne. Il se montre par la suite enchanté

---

[14] Cf. deux notations curieusement parallèles: "des cris involontaires dont je ne m'apercevais que par l'étonnement de ceux qui demeuraient avec moi et qui paraissaient effrayés de les entendre" (p.286); "des marques d'effroi involontaires dont je ne m'apercevais que par l'étonnement de Mme des Ogères et de Rem" (p.411).

[15] Philip Stewart propose de même de découvrir "un sens symbolique" (*Oeuvres de Prévost VIII*, p.153) dans la consonance toute fortuite ("le hasard le plus singulier", p.342) des pseudonymes que Fanny et Cleveland adoptent en France: "elle se faisait nommer Ringsby, et moi Kingsby" (p.343). Il faudrait croire alors que le romancier aurait abondé en quelque sorte dans le sens des désirs secrets de ses personnages.

[16] Cf.: "Je soupirais, je prenais intérieurement le ciel à témoin de mes peines; mais je ne pouvais me résoudre à quitter un lieu où j'avais raison de croire qu'elle était. Cependant (...), le sentiment de ma honte se réveilla tellement que je pris mon parti tout d'un coup. " (p.276)

Le coeur et ses raisons

d'apprendre que Fanny s'est réfugiée au couvent de Chaillot; le hasard a encore bien fait les choses puisque lui-même vient alors de s'installer à Saint-Cloud:

> Dois-je le dire? Malgré le mépris dont je me croyais justement animé pour mon épouse, je sentais quelque douceur à penser que j'allais me trouver près d'elle, car Chaillot n'est guère qu'à une lieue de Saint-Cloud, et c'est en vain que pour repousser cette idée je tâchais de m'en faire honte à moi-même comme d'une faiblesse; j'en fus occupé pendant toute la route. Mes agitations étaient si visibles que mes deux compagnes marquaient tous les jours leur étonnement de voir que le temps eût si peu de pouvoir sur ma tristesse... (p.307)

La surprise d'Angélique et de Mme Lallin s'exprimerait "tous les jours" et ne se rapporte donc pas trop bien à cette soudaine découverte. L'enchaînement un peu impropre comme l'hésitation initiale du narrateur (dois-je...) donnent à penser que le lecteur du premier XVIIIème siècle risquait toujours de considérer sa joie comme une "faiblesse" pure et simple. Les "deux compagnes" vaudraient alors un premier public: elles donnent le bon exemple en indiquant qu'il s'impose désormais d'y apprécier une rare constance.

D'autres réactions peu délibérées profilent des refoulements. Cela aussi dénote, de reculer devant l'intolérable, une sensibilité extrême. Captif d'un séide de Cromwell qu'il avait imprudemment pris pour un ami, le jeune Cleveland supporte d'abord sa mésaventure avec assez de philosophie. Ce sang-froid l'abandonne quand il se dit que le traître ne manquera pas de se lancer aussi à la poursuite d'Axminster et de Fanny:

> Il me vint à l'esprit que la trahison de Will ne se bornerait point à moi, et qu'un perfide ne l'étant jamais à demi, il ne manquerait point d'envelopper milord Axminster dans ma ruine. Cette pensée se présenta à moi si subitement et d'une manière si effrayante qu'elle causa une espèce de silence dans mon âme et dans tous mes sens. (p.96)

Au lendemain de la fuite de Fanny, Cleveland recule de même devant certaines images trop concrètes:

> Je n'avais pas la force (...) de me représenter Fanny disposée à fuir avec Gelin (...), occupée peut-être à recevoir ses caresses. Dieux! Tous mes esprits se confondaient à la seule approche de cette idée; et ne me sentant

> point capable d'en soutenir un moment la présence, j'en détournais mon attention pour me réduire à plaindre mon sort (...). Mon âme reculait de frayeur à cet objet, comme ma main se serait retirée d'un fer brûlant auquel elle aurait touché sans réflexion. (p.270)

Les psycho-logiques se font plus tortueuses quand, plus tard, Cleveland ne veut pas se demander si Fanny ne serait pas complice de l'attentat de Gelin venu l'assassiner. C'est que le soupçon, dont le lecteur sait pertinemment qu'il tombe à faux, est cette fois de nature à compromettre aussi le soupçonneux lui-même:

> Je n'osai porter mes soupçons jusqu'à me défier qu'elle eût quelque part au dessein de ma mort, ni même qu'elle en eût la moindre connaissance. Ce ne serait plus une femme, disais-je, ce serait un monstre et une furie détestable. Je tâchais d'écarter cette pensée, comme si j'eusse appréhendé de me rendre coupable en m'y arrêtant volontairement (...). Cependant elle y revenait toujours, malgré les efforts que je faisais pour la rejeter... (p.353)

Le narrateur ne précise pas de quoi exactement il risquerait de se rendre "coupable". Toujours est-il qu'à cette étape du récit il prête au moins les mains aux démarches qui tendent à faire casser son mariage par le consistoire de Charenton. Gelin, de son côté, a appris que Fanny, devenue catholique, ne serait pas libérée pour autant: elle ne pourrait convoler de nouveau qu'après la mort de son premier époux. Quand on pense que les méchants du roman sentimental sont souvent des doubles plus accusés de leurs belles âmes, il est difficile de ne pas se dire que le projet de divorce vaut un attentat atténué...

Encore s'agit-il dans tout ceci de refus qui, pour n'être pas à proprement parler délibérés, sont très clairement repérés comme tels. De véritables refoulements passeraient en bonne rigueur inaperçus -même si on voit mal comment une narration à la première personne pourrait alors les transcrire[17]. Nous passons plus près encore de Freud quand Cleveland, qui vient alors de recevoir le consentement écrit de Fanny à son divorce, se laisse aller à un véritable lapsus:

---

[17] C'est sans doute une des raisons pour lesquelles Prévost, selon l'analyse bien connue de Jean Rousset, "ne peut se résoudre à dire l'obscur obscurément" (*Narcisse romancier*, p.130).

> J'arrêtai une (des) mains (de Cecile) sur laquelle j'imprimai mes lèvres. Ah! chère Fanny! m'écriai-je avec un profond soupir. Je voulais dire sans doute: ah! chère Cecile! Mais mon imagination troublée ne me représentait plus rien que confusément. Je n'avais ni idées, ni sentiments distincts. Je demeurai pendant quelques instants dans cet état, et je n'en revins qu'à force de soins et d'assistance. Toute la compagnie gardait le silence et semblait me regarder avec étonnement (...) et, réfléchissant encore un moment sur ce qui m'avait pu causer une si étrange altération, je fus obligé de confesser intérieurement que je ne connaissais rien dans mon propre coeur. (pp. 343-44)

L'enjeu de cette "altération" transparaît à travers l'excuse à son tour "étrange" qui rattrape l'impair:

> J'ai aimé passionnément mon infidèle. C'est sans doute un reste de douleur et d'affection que tout ce que nous venons d'entendre a réveillé. Mais, mon cher ami, et vous, chère Cecile, continuai-je en m'adressant au père et à la fille, vous n'en connaîtrez que mieux le coeur le plus tendre et le plus sensible que la nature ait formé. Voilà comme je hais: vous venez de le voir. Jugez comment je suis capable d'aimer! (p.344)

Comme pour accentuer encore la note analytique, le narrateur indique qu'avant de s'expliquer, il s'"imaginai(t) sortir d'un songe" (pp.343-44). Contrairement au lapsus, le songe est un ressort traditionnel de la fabulation noble, où il annonçait de façon plus ou moins voilée un avenir encore inconnu; le présage suggérait aussi que les héros de la tragédie ou de l'épopée dépassaient assez le commun des mortels pour que le Ciel s'inquiète tout particulièrement à leur sort. Le continuateur anonyme de Cleveland est assez dans cette ligne quand, dans son *Tome V* apocryphe, l'ombre de Milord Axminster apparaît de nuit à Cleveland pour attester l'innocence de Fanny. Les quelques allusions oniriques du *Cleveland* de Prévost illustrent plutôt, une fois de plus, la nouvelle profondeur de l'émoi, qui se trouve hériter ainsi d'un très ancien capital symbolique. Cleveland, après le départ de Fanny, est hanté par "des songes funestes et effrayants" (p.309); son inclination pour Cecile, à ses touts débuts, suspend un instant ces chagrins:

> L'amour, car c'était lui-même, me fit sentir les plus charmantes émotions; et soit par un effet des songes qui m'avaient fait illusion pendant le sommeil, soit par la nature même de cette passion, je me levai avec un mou-

vement de joie que je n'avais connu que dans les plus heureux moments de ma vie. (p.316)

Les deux termes de l'alternative reviennent bien entendu au même puisque ces songes, que le texte ne précise pas, portent selon toute apparence sur la nouvelle "passion" dont Cleveland, à ce moment, ne se rend pas encore tout à fait compte. Le second amour de l'époux abandonné devait bien commencer à son tour par une surprise. Elle paraît plus pathétique et plus profonde de se manifester d'abord sur l'Autre Scène.

Le songe le plus circonstancié de Cleveland suit son lapsus de quelques heures. Il le corrige en montrant le rêveur épris à la fois de Fanny et de Cecile, "que (s)on coeur eût souhaité de réunir" (p.345). Comme le lecteur ni peut-être l'auteur[18] ne se doutent pas encore à ce moment de l'identité de la dernière, cela n'annonce aucun avenir seulement plausible. Nous avons définitivement quitté la prémonition pour le phantasme. La scène rêvée ne correspond en effet pas plus aux projets conscients de Cleveland, que rien n'engage jusqu'à nouvel ordre à douter de la trahison de Fanny et qui voudrait donc s'abandonner à ses nouvelles amours. Aussi le songe aboutit-il à un amer réveil; le narrateur, au premier moment, n'a rien de plus pressé que de l'oublier au plus vite:

> Je ne sentis point en m'éveillant cette douce satisfaction qui reste dans le coeur après un songe où l'on a vu ce qu'on aime. Au contraire, je ne sortis jamais du lit si triste. Je m'habillai à la hâte et, évitant même de rappeler ce jeu importun de mon imagination, j'allai chercher de l'amusement et de la joie auprès de Cecile. (p.345)

Le lecteur n'en apprend pas plus, mais devine que le "jeu importun" n'a rien d'anodin: le narrateur, sans cela, n'aurait pas souligné que ce songe " demeu-

---

[18] Le rêve intervient dans le *Livre Septième*, à la fin du *Tome Quatre* de 1732. La suite paraîtra seulement en 1738.

Elles se tenoient étroitement embrassées, et Fanny avait la bouche sur le sein de sa fille.

Inconsciences

rer(ait) gravé éternellement dans (s)a mémoire" (p.344). Je prolongerais volontiers en suggérant qu'il y a va d'une autre éternité encore. Le contenu latent le plus indiqué de ce rêve, où Cleveland se montre toujours attaché à sa fugitive[19], peut se résumer d'un seul mot, que Prévost ne connaissait évidemment pas dans ce sens. La psychiatrie moderne parlerait ici d'une fixation. Le vocable connote, comme la plupart des termes de ce lexique, un côté obsessionnel, qui fait, dans toutes les acceptions du terme, la gravité de la chose; je ne me presserais pas de préciser qu'il en convient moins ici puisque l'âme sensible, qui craint toujours de se découvrir irrémédiablement légère, ne saurait se rêver un plus beau mal.

Quelque trois semaines plus tard, l'innocence enfin prouvée de Fanny permet un registre plus euphorique. A la veille de recevoir des éclaircissements ultimes que tout annonce très positifs, Cleveland est favorisé de

> plusieurs songes agréables, qui (lui font) ressentir sans interruption pendant toute la nuit mille douceurs auxquelles (il) n'aurai(t) osé (s)e livrer pendant le jour. (p.441)

Refoulements, lapsus, rêves... Prévost élabore à sa manière toute une "psychanalyse avant la lettre". Elle ne coïncide évidemment pas sans reste avec celle de Freud. Jean Sgard, qui a lancé la formule, le savait bien, lui qui ajoutait aussitôt que "le propre" de cette anticipation était "de nier l'inconscient" [20]. Essayons de préciser quelque peu ce décalage.

Les épisodes alignés ci-dessus se distinguent d'abord des *exempla* habituels de Freud dans la mesure où les personnages s'en montrent eux-mêmes frappés. La joie de Cleveland sur le voisinage de Chaillot et de St.Cloud comme son lapsus sucitent une surprise générale; ses rêves, qu'il ne raconte pour autant qu'on voie à personne, restent gravés dans sa mémoire. Freud souligne au contraire que les faits qu'il commente ont accoutumé de passer inaperçus. Ils seraient même si révélateurs à la faveur de cette banalité apparente.

---

[19] Le rêve indique que Fanny finira par l'emporter, puisque ses enfants la ramènent à leur père. Il est assez vain de se demander si ce scénario correspond à un projet de dénouement que Prévost aurait abandonné par la suite. L'idée d'un mariage qu'on reprendrait par souci de l'enfant paraît de toute manière plus propre au XIXème siècle finissant qu'aux Lumières: il fallait d'abord que le divorce fût inscrit dans la loi... Paul Bourget préconise cette priorité dans un roman aujourd'hui très (justement) oublié, *La terre promise*, qui date de 1890. Le ton de sa *Préface* indique qu'il avait le sentiment de plaider une cause neuve.

[20] Jean Sgard, *Prévost romancier*, p.188

L'Inconscient s'y exprimerait plus librement qu'ailleurs parce qu'il se saisirait d'erreurs ou de divagations d'allure anodine, qui tireraient peu à conséquence et demanderaient donc moins de contrôle. L'analyste découvre une épiphanie où les intéressés eux-mêmes, en l'occurrence plutôt mal nommés, ne voient que du feu. Cleveland, sur ce plan, ferait donc preuve d'un flair tout à fait exceptionnel.

Cela pourrait signifier simplement que notre narrateur serait plus proche de Freud que de ses patients. Le père de la psychanalyse, qui aimait rendre hommage à la perspicacité privilégiée des grands romanciers, n'en serait pas trop surpris. Ce serait pourtant, je crois, trop d'honneur -et cadrerait en outre assez mal avec la résonance globale d'une intrigue où le protagoniste s'obstine, pour son propre malheur et pour celui des siens, aux pires aveuglements. Aussi ajouterai-je tout de suite que les secrets qu'il appréhende se distinguent des élucidations de Freud parce qu'ils dégagent une vérité essentiellement flatteuse. Freud découvrait une profonde et foncièrement peu remédiable immoralité de l'Inconscient (*Das Es ist ganz immoralisch*). Sa leçon, à l'en croire, serait une terrible blessure narcissique infligée à l'humanité tout entière. Cleveland, par contre, ne découvre rien dont il devrait se sentir particulièrement humilié. Ses actes les plus inconsidérés multiplient les preuves d'une constance dont le pire défaut est de persister quand des apparences contraires accablantes semblent la condamner sans recours. Le lecteur admire d'autant plus volontiers qu'il sait, lui, qu'il s'agit précisément d'apparences.

Sur des gisements proches de ceux de Freud, Cleveland apprend ainsi une vérité foncièrement avantageuse. Il lui arrive certes, tant qu'il est convaincu de la trahison de Fanny, de s'en plaindre:

> Je ne sais si c'est amour, ou compassion; mais il est certain que je sens quelque chose au fond de mon coeur qui combat encore en faveur de ma criminelle épouse. Hélas! quel est mon sort! ajoutai-je avec un profond soupir. Le commun des hommes a besoin d'efforts, dit-on, pour s'exciter à l'amour et à la constance après quelques mois d'un mariage heureux et paisible; et moi... (p.347)

Nous savons entretemps pourquoi il valait la peine d'énoncer sa "constance" dans ce registre tourmenté. Comme on doutait qu'elle s'imposât pour de bon comme un "sort" incontournable, les épisodes où le narrateur la retrouve comme à son corps défendant avaient d'abord l'avantage d'exclure tout soupçon de complaisance. L'inconscience, dans ce sens, est pire, donc meilleure encore que la simple douleur: elle est par nature troublante, voire honteuse à avouer. Seul un lecteur particulièrement méfiant imaginera qu'on puisse s'y abandonner à plaisir.

A deux siècles de distance, cette méfiance est plus facile. Comme nous avons pris l'habitude de secrets psychiques autrement enfouis, le constat s'impose que nos personnages insistent parfois comme à plaisir sur des latences pour nous presque transparentes. Tout cela n'est pas tellement plus compliqué qu'une banale surprise de l'amour. Cleveland, nous l'avons vu, explique son lapsus avec l'aisance la plus élégante; cela ne l'empêche pas de réaffirmer d'abord son absolue opacité:

> J'ouvris la bouche avec quelque honte, et ne suivant que ma franchise naturelle, je leur dis en poussant un soupir: Je ne vois pas plus clair que vous dans l'accident qui vient de m'arriver.... (p.344)

Après quoi il enchaîne, sans changer de ton, sur la preuve du contraire!

Le thème de l'inconscience aménage une subjectivité émue qui s'inscrirait en-deçà du moi; elle en paraît moins sujette aux caprices et aux intermittences où nous avons reconnu le risque majeur d'une proximité humaine fondée sur la seule spontanéité. S'y compromet certes au moins une part de la souveraine liberté qui faisait et fait toujours l'attrait fondamental de tout individualisme. Reste que l'autonomie désormais sans prix n'était toujours pas sacrifiée à l'une quelconque de ces consignes extérieures qui étaient la principale cible des Lumières. La contrainte, puisque contrainte il devait y avoir, émanait du plus profond de soi. Cela suffisait pour que l'individu acceptât souvent d'y reconnaître un choix personnel.

Elle revêtait du coup, et cet ultime avantage est peut-être aussi décisif même s'il est difficile à isoler, une allure fascinante et pathétique. Les surprises de l'amour traditionnelles, pour y revenir une dernière fois, restaient légères et inoffensives. Elles privaient leurs victimes d'une initiative que la vie solidement encadrée des Anciens Régimes abandonnait de toute manière assez peu à ses particuliers. La tyrannie de Cupidon changeait ses gens des pesanteurs ordinaires qui faisaient le plus clair de leur lot. L'emprise qui s'exerçait de l'intérieur sur l'individu nouvellement émancipé semblait contredire son essence la plus intime; elle en paraissait plus impressionnante puisqu'elle défait du dedans une dérive de plus en plus absolue et omniprésente. Je ne bouderai donc pas le plaisir de boucler la boucle sur un mot de la fin trop facile: l'inconscience valait elle aussi un prodige du sentiment

Le mystère de Cecile

Reste à interroger le prodige le plus sensationnel du roman. La découverte de l'innocence de Fanny coïncide en effet avec une surprise plus inattendue encore. Il s'avère, suite à une rencontre elle-même imprévue entre Fanny et Mme Riding, que Cecile, avec qui Cleveland avait pensé se remarier, n'est autre que sa fille, qu'on avait crue dévorée par les Rouintons. Cette découverte ne s'intègre évidemment pas aux argumentaires courants de la rhétorique sentimentale. Prévost ne s'en serait pourtant jamais avisé si elle ne convenait elle aussi à son apologie du sentiment.

Nous avons indiqué comment la longue interruption du roman entre 1732 et 1738 a dû correspondre à certain blocage. Une fois sortis des déserts du Nouveau Monde, Cleveland et Fanny quittent les aléas de l'aventure pour les délices de la vie privée. Le cruel malentendu qui les sépare presque aussitôt après montre alors combien ce terrain est dangereusement miné. La crise aboutit simultanément, comme nous venons de le voir, à valoriser le lien si cruellement déchiré: des péripéties plus clémentes n'auraient jamais amené des poses si pathétiques. N'empêche qu'un dénouement qui se contenterait de réunir enfin les deux coeurs toujours épris semblerait rester quelque peu en-deçà de ces exercices de haute voltige. Prévost choisit donc, dans le dernier volume de 1732, de corser les choses en introduisant de nouvelles amours. Elles autorisent d'abord un paradoxal passage à la limite de la démonstration centrale. Même l'euphorie d'une nouvelle inclination partagée et auquel rien de sérieux ne s'oppose ne suffit pas, au-delà de quelques instants d'illusion, à détacher le narrateur de sa fidélité profonde à l'épouse crue infidèle.

La preuve une fois fournie, il était plus délicat de sortir élégamment de cette complication supplémentaire. Fanny aurait pû mourir de chagrin, se réconcilier sur son lit de mort avec son époux et bénir elle-même sa nouvelle union. Il n'était pas tellement plus difficile, et peut-être moins banal, de sacrifier plutôt Cecile, qui aurait pu, au choix, devenir la victime d'une maladie quelconque ou d'une ténébreuse machination. Tout se passe comme si, au moment de terminer le premier *Cleveland*, Prévost prévoyait plutôt une continuation dans ce sens. Selon les dernières lignes du *Livre Septième*, Cecile serait "comprise dans le même arrêt du ciel" (p.354) que Madame Henriette d'Angleterre. Cette dernière date étant de toute manière imposée par l'Histoire, cela lui laisse à ce stade de l'intrigue quelques semaines de vie tout au plus. L'ennui est que l'une comme l'autre formule compromettrait au moins implicitement ce qu'on pourrait appeler l'intégrité sentimentale du protagoniste: il finirait toujours par s'accommoder un peu platement de l'unique survivante. Ces solutions accidentelles, pour être à tout prendre moins invraisemblables que le prodige du second *Cleveland*, le sortiraient trop facilement de son dilemme.

Dans le roman de 1731-32, rien n'indique que Prévost pensât à découvrir dans Cecile l'enfant perdue en Amérique. Il est vrai qu'au moment de la catastrophe présumée, Cleveland se trouve, garrotté et par terre, "à cinquante pas" (p.231) de l'endroit où les Rouintons se préparent un horrible festin; il ne voit, à proprement parler, que les flammes qui dépassent le cercle des sauvages accroupis autour de leurs préparatifs. Cela ne signifie pas que le romancier entendait déjà réserver l'innocente victime pour de nouvelles aventures. Dans la tragédie classique, dont ce roman héroïque n'est pas si loin, le moment vraiment suprême, surtout s'il s'accompagnait comme cela s'impose ici de circonstances répugnantes, passait volontiers derrière les coulisses. Le théâtre semble même, en l'occurrence, d'autant plus proche que la scène, comme par hasard, se déroule devant un petit public. Cleveland, tout captif qu'il est, est toujours entouré de quelques ultimes débris de son escorte, qui, eux aussi, comprennent sans la moindre hésitation ce qui se passe:

> Nos gens étaient auprès de nous. Ils voyaient comme moi le feu du bûcher, et ce spectacle parlait si clairement qu'ils ne pouvaient en ignorer le sens funeste. (p.231)

Par la suite, pas un mot du premier *Cleveland* n'indique un doute sur cette évidence.

Il est sans doute plus décisif encore que, dans les *Livres VI* et *VII*, qui terminent ce premier *Cleveland*, rien ne donne à penser que Cecile soit autre chose que la banale seconde chance qu'un personnage de roman ne manque jamais de rencontrer en temps utile. Le narrateur raconte ses aventures longtemps après: si l'on conçoit qu'il aurait pu choisir de sauvegarder le suspense[1], on se serait attendu à le voir préparer son coup de théâtre par quelque mot lourd de sous-entendus. En l'occurrence il n'y a pas de suspense du tout. Relatant la fatale nuit où Cecile et lui frôlent l'irréparable, Cleveland remercie le Ciel de les avoir fait

---

[1] Encore ne serait-ce pas trop dans sa manière. Racontant la fuite de Fanny, le narrateur précise de suite le mot d'une énigme qui lui est, au moment des faits, parfaitement opaque; il explique qu'il ne saurait laiser planer le moindre soupçon sur l'innocence de son épouse. Lui-même, dans l'épisode de Cecile, s'expose au moins à un soupçon d'inconstance…

sortir sains et saufs du péril; il ajoute, dans un commentaire qui transcrit de toute évidence une réflexion actuelle du narrateur, qu'il

> ignore *encore* si ce fut en faveur de Cecile ou de (lui-)même qu'il plût au Ciel de (l)e secourir par le plus inespéré de tous les miracles. (p.328; je souligne)

Ce *distinguo* n'aurait pas grand sens si l'occasion trop tentante risquait déjà, à ce stade de la rédaction, de les entraîner à leur insu à l'inceste.

Tout se passe donc comme si la nouvelle identité soudain conférée à Cecile était bien, en 1738, une idée neuve. Elle a d'abord l'avantage évident de permettre une solution pleinement positive du dilemme crée par les secondes amours de Cleveland. Le problème, grâce à cette nouvelle donne, se résout ou se dissout sans que personne doive rompre avec personne. Rien ne saurait plus combler un public sensible, qui a nécessairement horreur des ruptures. Cleveland renonce à son projet de divorce dès qu'il entrevoit l'innocence de Fanny. Il n'a pas besoin de se désister d'une promesse que la nouvelle situation suffit à annuler, ni même d'observer certaine réserve à l'égard de Cecile, à qui il peut maintenant vouer une affection paternelle aussi passionnée et aussi démonstrative que l'amour dont elle prend la relève. Fanny et Cecile, de leur côté, sont tout aussi tendrement unies. Les animosités qui auraient pu opposer les deux rivales et que l'intrigue avait laissé prévoir un bref moment, s'évaporent sous le coup de leur découverte émerveillée.

Pareil bénéfice reste toutefois trop utilitaire pour épuiser l'intérêt romanesque de notre reconnaissance. S'il s'était agi seulement de liquider une impasse, Prévost se serait contenté d'un coup de théâtre final, qui, les dimensions du premier *Cleveland* étant ce qu'elles sont, aurait toujours pu fournir la matière d'un tome supplémentaire. Encore y aurait-il eu intérêt, vu l'invraisemblance criante d'un tel dénouement, à le faire bref. Les artifices les plus courts sont généralement les meilleurs. Prévost y va au contraire de trois nouveaux volumes, ce qui fait au total un bon tiers de l'ensemble. La nouvelle configuration amenée par les retrouvailles, au-delà des problèmes qu'elle aidait à résoudre, présentait donc aussi son intérêt propre.

Quelques jours avant la grande découverte, Fanny et Cecile se trouvent séjourner ensemble au couvent de Chaillot. Les deux femmes se sentent alors attirées l'une vers l'autre par une sympathie soudaine qui les surprend toutes les deux et qui inquiète fort les quelques témoins au courant de leur concurrence objective. Cette attirance, on s'en doute, c'est l'immémoriale voix du sang. Le narrateur la commente d'une formule qui prépare visiblement la découverte désormais prévue au programme:

> Cécile qui m'aimait toujours avec la même ardeur, et qui devait redouter d'autant plus Fanny qu'elle éprouvait elle-même le pouvoir de ses charmes, comment se rendait-elle si aisément à une inclination qui paraissait combattre ses plus chers intérêts? Le coeur connaît-il jamais les raisons qui peuvent justifier ses penchants? Aussi touchée peut-être de la satisfaction qu'elle trouvait auprès de mon épouse que de celle qu'elle avait ressentie auprès de moi, elle cédait à l'impression du plaisir présent... (p.435)

La voix du sang aurait pu "justifier" pareillement le nouvel amour de Cleveland. L'idée est complètement absente, et pour cause, des pages qui évoquent ses débuts; il est plus surprenant qu'elle n'affleure guère plus dans celles dont il s'agit maintenant. Quand l'innocence de Fanny est triomphalement reconnue, Cleveland est le seul qui puisse, voire doive se reprocher une "espèce d'infidélité" (p.512). La voix du sang, dont il aurait écouté l'appel sans la comprendre au juste, fournirait une excuse toute trouvée. Le narrateur ne l'invoque jamais; il est vrai qu'il est globalement peu enclin à se sentir coupable de rien et qu'on le voit fort bien ne pas s'aviser seulement de faire sa propre apologie. Toujours est-il que ses entours ne pensent pas non plus, pour l'excuser ou pour s'en émouvoir, à ébaucher une telle glose. Sauf erreur, l'idée apparaît en tout et pour tout une seule fois. Nous sommes alors au moment précis où Cleveland commence enfin à deviner l'identité de Cecile; ses proches, soucieux de sa santé toujours chancelante depuis l'attentat de Gelin, s'efforçaient de la lui apprendre par degrés. Cleveland finit donc par rapprocher toute une série d'indices:

> L'arrivée de Mme Riding, les premiers compliments de M. de R. et du comte de Clarendon, les caresses passionnées de Cecile, celles que je lui voyais recevoir continuellement de Fanny, et plus que tous ces témoignages extérieurs, les mouvements de tendresse dont je n'avais pu me défendre pour elle; en un mot, la voix de la nature, qui s'était déguisée sous tant de formes, et qui redevint plus puissante que jamais en acquérant la liberté d'éclater; toutes ces circonstances rapprochées et comparées ensemble me mirent dans un jour qui ne laissa plus d'accès aux ténèbres. (p.513)

Les "mouvements de tendresse" fournissent l'indice suprême; on s'en étonne peu puisqu'ils figurent aussi, et de loin, l'élément le plus insolite de la série.

Encore peut-on se demander, à prendre rigoureusement les choses, si les "mouvements" dont Cleveland s'étonne ici concernent son amour en tant que tel ou bien ce qui avait pu en subsister après la découverte de l'innocence de Fanny. Jusque-là il n'avait pas vraiment cherché à s'en "défendre" et n'avait aucune raison de le faire: cette nouvelle inclination partagée par l'intéressée et approuvée par ses parents, avait tout à fait "la liberté d'éclater". La situation devient plus délicate quand, au reçu de telle lettre très favorable à Fanny, Cleveland, après s'être empressé de demander des renseignements plus explicites encore, ne se retient pas de terminer le même envoi par une pensée pour Cecile:

> Mais ce qui paraîtra fort étrange, c'est qu'après avoir lu ce que je venais d'écrire, toute la force des sentiments dont j'étais rempli ne m'empêcha point de me souvenir de Cecile. J'ajoutai quelques lignes par lesquelles je me plaignais à ma soeur du silence qu'elle paraissait affecter sur cette chère personne, et je la priais dans les termes les plus tendres de ne rien perdre de l'affection qu'elle avait toujours marquée pour elle. (p.441)

Nous voici bien devant un sentiment mal à l'aise. Il finira même par prolonger l'aveuglement de Cleveland devant la découverte qu'on lui apprend prudemment à mots voilés:

> Loin d'être éclairé par les mouvements de la nature, je devais me défier du penchant que je trouvais encore dans mon coeur pour une fille charmante qui m'avait fait sentir longtemps tous les transports de l'amour. (p.490)

C'est de cette défiance que les éclaircissements définitifs le dispensent. Rien n'empêcherait alors d'estimer que la voix du sang, qui fait perdurer l'amour, avait joué son rôle dès ses débuts. Le texte, de toute manière, ne tient pas trop à le dire.

Comment comprendre cette réserve? On pourrait supposer que la ficelle était un peu grosse et que l'explication d'un amour par quelque chose d'aussi visblement conventionnel que la voix du sang aurait du mal à paraître convaincante. Le roman, une fois la nouvelle identité de Cecile admise, n'en est sans doute plus à un tel scrupule de vraisemblance près. Aussi croirais-je plus volontiers que Prévost évite d'appuyer parce qu'une explication trop directe en ces termes l'obligerait à considérer l'amour de Cleveland pour Cecile comme une manière de méprise, un quiproquo après lequel il n'y aurait qu'à se rabattre sur un attachement simplement familial. Prévost, pour sa part, s'efforce de ne rien perdre; il entend raconter une affection paternelle qui serait, par son intensité, en parfaite continuité avec l'attachement amoureux qui avait précédé.

Le roman, dès lors, n'aboutit pas seulement à réconcilier les époux, mais encore à *élargir* leur union. Cleveland s'attache désormais du même élan passionné à l'épouse et à la fille retrouvées. Sa première réaction, quand il a compris toute l'étendue de son bonheur, est de les "embrasser ensemble (...) avec une ardeur qui ne peut être exprimée" (p.514) -et qui ne tarde donc pas à avoir raison de ses faibles forces de convalescent; il s'évanouit, puis glisse presque aussitôt vers un sommeil réparateur. Le lendemain, il se réveille avant tout le monde et en profite pour aller contempler son épouse et sa fille encore endormies aux bras l'une de l'autre. Le spectacle paraît merveilleux:

> Heureux père! Heureux mari! Car c'était moi que ces deux coeurs passionnés cherchaient l'un dans l'autre. J'étais l'objet de leurs tendres caresses. La nature ne leur inspirait pas un sentiment qui ne tournât au profit de l'amour. Je ne me serais jamais rassasié de ce spectacle. Ce fut pour en jouir plus librement que je m'assis vis-à-vis d'elles sans pouvoir en détourner un moment les yeux. (p.515)

La scène rebondit quand les "deux chers objets" (p.516) s'éveillent:

> J'eus la douceur inexprimable de les voir toutes deux me tendre les bras avec cette vivacité et cette ardeur qui n'appartiennent qu'à la nature et à l'amour. (p.516)

Le lecteur moderne croit flairer une sensualité trouble. Prévost et ses premiers lecteurs pouvaient être plus sensibles à d'autres charmes. Ces paroxysmes s'inscrivent en effet dans le prolongement d'une propension assez constante de notre roman. L'amour de Cleveland pour Fanny s'accompagne d'un attachement filial à Milord Axminster et, fût-ce à un degré un peu moins prononcé, à madame Riding. Quand le père est mort et que l'amie maternelle sembledéfinitivement perdue, Cleveland, à La Havane, se cherche de nouveaux entours. C'est le but de son voyage à l'île de Serrane, le principal motif aussi qui

Allez, et quand vous serez heureux, souvenez-vous que j'ai pris part à votre bonheur.

l'amène à se réjouir de l'arrivée inopinée de Bridge et de Gelin, puis à aller chercher Mme Lallin. Revenu en France après la fuite de Fanny, Cleveland n'a plus avec lui que sa belle-soeur devenue veuve et Mme Lallin. Son amour pour Cécile s'accompagne alors à son tour d'un attachement très vif pour ses parents, M. et Mme de R. Ils restent dans la seconde moitié du roman des amis très proches ou, pour mieux dire, des compagnons à peu près permanents.

Cleveland, tout au long du roman, évolue dans un petit groupe étroitement uni plus qu'il ne s'adonne aux délices du tête-à-tête. Cela ne l'ajuste que mieux à l'intimisme moderne. Nous avons parlé jusqu'ici à peu près indistinctement valorisation de l'émoi et éloge de l'amour. Cela présentait peu d'inconvénients. Dans notre roman comme dans la quasi totalité de la production sentimentale, la défense et illustration des délices du coeur se plaide essentiellement au travers d'histoires d'amour. Le plus passionné des sentiments irrigue ainsi, si l'on peut dire, tous les autres, il les auréole de son flamboiement passionnel. Cela n'était pas inutile dans la mesure où l'intimisme moderne prenait la relève d'une sensibilité familiale plus ancienne sans doute sincère et affectueuse, mais de toute évidence trop prosaïque pour satisfaire telle quelle les hautes aspirations des belles âmes. Il n'en fallait pas moins que ce champ entier s'embrasât: l'amour, réduit à ses seules ressources, paraîtrait trop étroitement circonscrit. Il s'agissait après tout de suppléer à une appartenance très large, qui rattachait un chacun à l'ensemble d'un monde. Le rechange serait trop restreint s'il n'unissait que deux partenaires. *La nouvelle Héloïse* culmine dans le spectacle rayonnant de l'utopie de Clarens, qui, les réserves critiques de Jean-Jacques en moins, sera très imité; Werther amoureux devient le grand ami des jeunes frères et soeurs de sa Lotte et du fiancé de celle-ci. Les regroupements successifs de *Cleveland* ouvrent cette série[2]; le trio ardent formé par le narrateur, Fanny et Cecile en est le premier sommet.

Sommet, il faut l'avouer, moins réussi que ceux qui suivront. Prévost entoure son narrateur de deux femmes toutes deux aimées d'amour; les autres proches qui complètent le groupe, M. et Mme de R, Milord Clarendon, Mme Riding, glissent du coup vers un statut de comparses. C'est que la sensibilite, dans cette troisième décennie du siècle, en est encore à ses premières gammes, toujours trop peu sûre d'elle-même pour ne pas appuyer au maximum sur la note proprement amoureuse. Pour mesurer le prosaïsme traditionnel qu'il s'agissait de sur-

---

[2] *Le Doyen de Killerine*, rédigé à peu près parallèlement avec le second *Cleveland*, raconte lui aussi les évolutions d'un groupe familial plutôt que d'un couple. Les *Mémoires d'un honnête homme* (1745) s'achèvent sur un autre trio, qui ferait presque la "transition" vers *La nouvelle Héloïse*; cf. à ce sujet Jean Sgard, *Prévost romancier*, p.522

classer, il suffit de penser que Cleveland n'est pas le père d'un seul, mais de trois enfants. Fanny, à La Havane, donne encore le jour à des jumeaux. Leur seul apport au roman est de détourner un jour leur père du suicide. Quelques semaines plus tard, les deux garçons sont internés par lettre de cachet au collège de Louis-le-Grand[3]. Cleveland obtient assez vite la révocation de ces ordres en arguant de sa qualité d'étranger; il se convainc tout aussi vite qu'ils y sont très bien et choisit donc de les y laisser. Pratique d'Ancien Régime qui n'implique aucune froideur particulière; on se dit que Cecile, si elle n'avait été séparée de son père jusqu'à la saison des premières amours, aurait risqué elle aussi de se retrouver au couvent. Comme quoi le motif usé des retrouvailles aide à inventer une nouvelle ferveur familiale

Les propos les plus enthousiastes du narrateur additionnent donc allègrement "amour" et "nature". Ce n'est pas un hasard, je crois, si ces phrases émerveillées portent plutôt sur les émois de Cecile que sur Cleveland lui-même. De ce côté là, Prévost aménage une autre merveille encore, qui, elle, imposait de biffer pratiquement les déterminations familiales. Nous avons aligné une série d'inconsciences qui attestaient une permanence profonde en l'auréolant de merveilleux psychologique. Le profil global de la vie affective de Cleveland, qui va de Fanny à Cecile pour les unir enfin dans le même sentiment, vaut aussi en tant que tel un prodige du coeur. Cet amour double qui n'en fait qu'un, cet amour unique qui s'adresse à deux personnes à la fois suggère à travers sa bizarrerie même on ne sait quelle magnifique et incontournable surabondance de la sensibilité.

Comme toute explication directe par la voix du sang banaliserait ce prodige, Prévost choisit même de préserver son miracle en le démultipliant en dehors du contexte familial. Le second *Cleveland* introduit, outre un certain nombre de comparses, trois nouveaux personnages majeurs. L'intrigante Dona Cortona est quelconque, elle se borne à relayer Gelin repenti dans le rôle convenu du méchant. Les deux autres, Dom Thadeo et le Duc de Monmouth, se retrouvent, comme Cleveland, amoureux à la fois de Fanny et de Cecile. Ces amours, qui s'annoncent[4] tous les deux presqu'au lendemain de la reconnaissance de Cecile,

---

[3] Rappelons que les épisodes français de *Cleveland* se déroulent au début des années 1670. C'est le moment où Louis XIV -ou le Conseil de Conscience qui agit en son nom- prépare la Révocation de l'edit de Nantes (1685) par tout un ensemble de vexations antihuguenotes, qui valent un "étouffement à petites goulées" (J. Garrisson).

[4] Précisons, pour être tout à fait exacts, que l'amour de Dom Thadeo pour Cecile coïncide à quelques jours près, dans le *Livre onzième*, avec l'inclination d'emblée double du

servent d'abord à faire rebondir l'intrigue; il suffisait, pour amener les conséquences qu'ils auront effectivement, que leurs voeux s'adressent à la seule Cecile. Prévost préfère les engager l'un et l'autre dans une affection plus insolite.

Dom Thadeo en présente une version curieusement moralisée. Après avoir bénéficié du miracle de l'amour qu'on sait, il se précipite, quand il est définitivement guéri, sur les pas de Fanny revenue en France. Comme il y apprend qu'elle est mariée, il triomphe vertueusement d'une affection devenue illégitime et poursuit son voyage pour protester au moins d'un éternel dévouement. Son coup de foudre pour Cecile, à la différence de celui de Cleveland, passe bel et bien par la perception émerveillée d'une ressemblance. Il la prend un instant pour Fanny elle-même, puis, détrompé par des renseignements d'abord fort incomplets, saisit avec empressement "l'occasion de se livrer à une tendresse innocente" (p.480). Il apprend la vérité entière quelques jours plus tard:

> Dom Thadeo se précipita aux genoux de Fanny et de Cecile (...), et saisissant le bas de leurs robes qu'il baisa longtemps d'un air passionné, il fit craindre aux spectateurs qu'une émotion si violente ne lui fit perdre sur le champ la connaissance ou même la vie (...). Enfin, s'adressant à Fanny, devant laquelle il fléchit encore les genoux, mais d'un air beaucoup plus calme: O gloire de ton sexe! lui dit-il avec la pompe espagnole (...), je t'ai religieusement adorée quand j'ai cru le pouvoir sans crime. Mais si le devoir m'a fait surmonter une passion qui devait être immortelle par son ardeur, il m'engage lui-même aujourd'hui dans d'autres liens, que tout le pouvoir du ciel et de la terre ne saurait rompre! (p.483)

Ce type de scènes, avec ses dangers mortels et son entourage de "spectateurs" très intéressés, nous est désormais familier. Elle engage une fois de plus une affection qui se veut, de façon très appuyée, durable, "immortelle par son ardeur" sous sa première forme, supérieure aux atteintes "du ciel et de la terre" sous la seconde. La vraie question -au risque de soupeser de trop près "la pompe

---

duc de Monmouth. Dom Thadeo apparaît d'abord dans le récit intercalé de Fanny, qui meuble l'essentiel du *Livre Neuvième*; rien n'y annnonce son retour ultérieur, que Fanny ignore encore au moment où elle raconte son histoire. Toujours est-il que le récit de Fanny appartient déjà au second *Cleveland*; il semble assez évident, quand on pense à la sortie très rapide des derniers volumes de notre roman, que les deux inclinations de Dom Thadeo ont dû être programmées simultanément. Inutile d'ajouter que Cleveland, qui relate son passage en rade de La Corogne à la fin du *Livre cinquième*, ne l'y rencontre pas encore...

espagnole"- est de savoir dans quel sens le nouvel amour pour Cecile peut bien être un "devoir". Prévost avait indiqué, au début de l'épisode, que Dom Thadeo se montrait d'autant plus enchanté de cette

> occasion de pouvoir se livrer à à une tendresse innocente (...) qu'à la veille de revoir Fanny, dont il redoutait encore la présence, il regardait ses nouveaux sentiments comme un préservatif contre ses charmes. (p.480)

Cela ne signifie toujours pas que sa nouvelle "tendresse" lui impose une obligation proprement morale. Un moraliste sourcilleux estimerait même que le respect du mariage aurait dû triompher à lui seul. Prévost n'y regarde pas de si près. A découvrir des "devoirs" des deux côtés, il suggère, en la grandissant d'un vocable prestigieux, la haute nécessité de cette double inclination. Ce qui aurait pu apparaître comme un caprice du hasard, voire comme le maléfice d'une Vénus doublement attachée à sa proie, figure dès lors un nouveau miracle de l'amour.

Monmouth se distingue de Dom Thadeo comme de Cleveland en s'éprenant simultanément de Fanny et de Cecile. Sa passion n'en revêt que mieux l'allure d'un emportement élémentaire:

> Par un caprice extraordinaire de l'amour, les vrais sentiments de son coeur n'étaient pas décidés. Il balançait entre les charmes de la mère et de la fille et l'expérience d'un jour n'ayant pas suffi pour déterminer son penchant, il avait remis à se rendre compte de ses propres dispositions dans les visites qu'il méditait. Cette incertitude n'aurait pas supposé beaucoup d'ardeur dans un autre, mais le duc de Monmouth ne forma jamais de désirs modérés: jeune, présomptueux, ardent jusqu'à l'impétuosité (...), il ne se proposait rien qui ne devînt aussitôt pour son esprit une loi invariable et dans son coeur une passion violente. (p.454)

Ne nous attardons pas à la réprobation du narrateur. Avec Monmouth, Prévost se donne un personnage moins vertueux que Dom Thadeo, qui appelle donc une mise en scène plus audacieuse du "caprice extraordinaire". Le paragraphe commence bien par évoquer une fois de plus une obscurité impénétrable, qui obligerait à attendre un choix qui se ferait de lui-même. Il ne tarde pas à glisser vers un autre choix, un abandon concerté à une "passion violente"[5] qui ne s'impose pas vraiment de choisir. Le duc persévère en fait dans son "bizarre partage" (p.599): il s'efforce d'abord de conquérir Fanny, passe ensuite à Cecile plus évidemment disponible, puis reprend espoir du côté de Fanny...

L'intrigue, sauf à poursuivre des chimères vraiment scandaleuses, devait se limiter à ces va et vient. Monmouth finit pourtant par mettre la main sur un tableau où Cleveland a "fait tirer la mère et la fille par un des meilleurs peintres de Paris" (p.617). Il l'installe "sur une espèce d'autel dans le cabinet le plus secret de son appartement" (p.633) et passe de longues heures à le contempler. L'idée n'est pas inédite puisque le culte rendu au portrait de la bien aimée est un véritable topos du roman précieux. Le geste convenu permet de parachever une juxtaposition que les tentatives plus concrètes du duc ne pouvaient poursuivre à ce niveau d'égalité. Cleveland s'en montre assez choqué pour lui faire enlever le portrait par un domestique.

Dom Thadeo comme Monmouth ne réussissent au demeurant pas plus à toucher le coeur de Cecile que celui de Fanny. Cleveland, pour sa part, se montre fort disposé à accorder sa main à l'un comme à l'autre pour peu qu'elle-même y consente; cela aussi prouve qu'il n'y a aucune fixation perverse dans l'affection paternelle qu'il lui voue désormais. Le double amour que le second *Cleveland* met au coeur de son intrigue est un élargissement intimiste et un prodige du coeur; il n'a, je crois, pas grand chose à voir avec un quelconque *Familienroman* freudien.

N'empêche qu'un éventuel mariage de Cecile avec un de ses étranges soupirants ferait à son tour un dénouement un peu prosaïque. A ce retour au bon sens toujours décevant en Romancie, la mort de Cecile substitue, pour le plus grand émoi du lecteur, un ultime sommet pathétique.

---

[5] Soulignons au passage qu'elle dénie ici encore le soupçon contraire d'un manque d'"ardeur".

La preuve suprême

Ce n'est pas, loin de là, le premier décès de *Cleveland*. A elle seule, le *Livre premier* de notre roman, qui se contente comme il va assez de soi de distribuer les rôles et où l'on n'attendrait dès lors que des personnages destinés à revenir par la suite, ne raconte pas moins de neuf morts. Il y est question du suicide de la mère de Bridge, de l'exécution de Charles Ier et de celle, forcément moins publique, d'un séide criminel de Cromwell, Aberdeen, que les amis de Milord Axminster, dont il a déshonoré l'épouse, châtient en secret. Pour mieux dissimuler leur vengeance, ils exécutent aussi, sans trop d'états d'âme, les quatre valets qui l'ont aidé à accomplir son forfait: ils risqueraient, sinon, de devenir des témoins gênants. S'y ajoutent deux morts moins violentes. Elisabeth Cleveland comme Milady Axminster meurent l'une et l'autre, à quelques mois de distance, dans les cavernes de Rumney Hole, où elles sont aussi ensevelies.

Ce jeu de massacre s'agrémente en outre de deux attentats manqués, qui sont l'un et l'autre le fait de Milord Axminster. Il soupçonne Cromwell d'avoir poussé Aberdeen à son forfait et tâche donc de tuer aussi le tyran. Cet attentat-là devait échouer, l'histoire imposait de laisser mourir Cromwell de mort naturelle. La tentative manquée sert surtout, dans l'économie globale de l'intrigue, à amener Axminster à Rumney Hole, où il fait la connaissance de Cleveland. Son second geste meurtrier ne comporte au contraire aucune utilité appréciable. Au moment où il pénètre avec ses amis dans le repaire d'Aberdeen, un domestique lui apprend que le ravisseur et sa proie seraient "au lit ensemble" (p.44). Il en conclut, au premier moment, à un consentement honteux de son épouse et l'en châtie "de plusieurs coups d'épée" (p.44). Sa victime l'arrête en protestant de son innocence et le convainc presque tout de suite. Ses blessures, qui ne sont pas mortelles, ruinent à jamais sa santé.

L'épouse meurtrie n'en veut pas un instant à son "cher et cruel époux" (p.44). Elle craint par contre, pendant les premières semaines qui suivent la catastrophe, qu'en dépit de son innocence, son déshonneur objectif ne l'ait refroidi. Axminster, après avoir confié la moribonde à un ami dévoué, cherche alors à se venger de Cromwell. Ignorant ce dessein qui l'oblige à se cacher à tous regards, sa femme se croit abandonnée -et implore, par l'entremise de l'ami qui la soigne, une ultime visite:

> Il m(e) marqu(ait) qu'elle me priait de venir recevoir du moins ses derniers soupirs, puisque mon absence longue et affectée lui faisait trop croire que je la chargeais du crime de sa mauvaise fortune et que je n'avais plus pour elle que les sentiments qu'on a pour une femme cou-

La preuve suprême

pable. (p.48)

Axminster en est navré:

> Ce reproche m'avait touché vivement; car le ciel m'est témoin que, loin que ma tendresse pour elle eût souffert quelque diminution, jamais cette vertueuse épouse ne m'avait été plus chère que depuis le cruel outrage qu'elle avait reçu. (p.48)

Il se précipite donc au chevet de la délaissée pour dissiper ses alarmes. Comme pour mieux lever tous soupçons, le texte ajoute même, après l'échec de l'attentat contre Cromwell, une velléité suicidaire, dont l'affection familiale triomphe cette fois aisément:

> Le désespoir que me causa ce malheureux succès m'aurait peut-être fait tourner les armes contre moi-même si le souvenir de mon épouse et de ma fille ne m'eût attaché à la vie malgré moi. (p.48)

Cette brève crise se profile, pour qui relit le roman, comme une préfiguration du double malentendu qui le dominera. Fanny, à son tour, se croira trahie, puis donnera lieu, en s'enfuyant sous la conduite de Gelin, à des soupçons aussi inévitables qu'injustifiés. Nous ne nous demanderons évidemment pas si la fugitive tiendrait de ses parents certain penchant aux suspicions malencontreuses. Prévost n'est pas Zola et son roman, sauf erreur, ne revient jamais sur ce rapide épisode de sa protohistoire. Toujours est-il que le bref différend qui fait, répétons-le, la séquence la plus inutile du *Livre premier*, indique pour la première fois ce profond soupçon sur la fiabilité et la consistance intrinsèques des attachements sentis où nous avons reconnu l'appréhension majeure du roman sentimental. Il suffit de quelques mots balbutiés d'un valet intimidé pour qu'Axminster doute de la fidélité de sa femme; celle-ci, qui a pourtant trouvé le temps de clamer son innocence, a vite fait de croire que son mari la "charg(e) du crime de sa mauvaise fortune"…

Dans un roman psychologique, ces méfiances peu fondées risqueraient à elles seules de fêler une entente conjugale. Ce risque se trouve ici conjuré par la proximité de la mort, qui simplifie apparemment bien des choses. Quand Axminster, à peine revenu de son premier emportement, se désole des "horreurs" qui sont "(s)on ouvrage" (p.44), ses amis suggèrent que la catastrophe qu'il vient de causer coupe court à bien des complications:

La preuve suprême

> Ils entreprirent de me consoler en me représentant qu'après le funeste accident que mon épouse avait essuyé, je ne devais peut-être pas regarder sa mort comme le plus grand malheur qui pût m'arriver; que je devais remercier le ciel de m'avoir fait connaître son innocence, et trouver moins dure une séparation à laquelle il fallait désormais me résoudre, en quelque cas que je pusse me supposer, mais qui me serait infiniment plus difficile à supporter si ce cher objet de ma douleur et de mon amour ne m'était point enlevé par la mort. (p.45)

Le raisonnement engage un point d'honneur conjugal des plus archaïques. Il n'est pas interdit de penser qu'au niveau de la fabulation romanesque, il rationalise une susceptibilité plus proprement sentimentale, que l'imminence de la mort réussirait alors pareillement à apaiser.

Aux dernières pages du *Livre premier*, Axminster fait la connaissance de Mme Riding, qui propose aussitôt de recueillir Milady Axminster chez elle. La malade, dont l'incognito doit être plus facile à garder que celui de son mari, serait toujours mieux soignée dans un château de campagne que dans un souterrain grossièrement aménagé. Proposition à première vue aussi généreuse que sensée; elle ne donne pourtant lieu, quand Axminster la transmet à sa femme, qu'à quelques ultimes protestations:

> Elle ne lui répondit d'abord que par une abondance de pleurs dont elle arrosa sa main, qu'elle prit entre les siennes. Il semblait que sa douleur ne pût s'exprimer autrement. Mais sa bouche s'ouvrit enfin aux plaintes les plus tendres. Hélas! lui dit-elle, vous en voulez à ma vie; je le vois bien, elle vous importe. La nature allait la reprendre: pourquoi vous lassez-vous; encore un moment, et vous serez délivré de moi pour toujours. Les larmes nous tombèrent des yeux à nous mêmes en voyant les siennes qui ne cessaient point de couler, et Milord Axminster, aussi touché qu'elle et que nous tout ensemble, demeurait comme immobile à l'entendre et à la regarder. (p.55)

Il ne reste à Mme Riding, qui est "la cause innocente de ce trouble" qu'à "en faire des excuses à Milady et la prier de pardonner son imprudence à son zèle" (p.55)...

La vraie crainte des âmes sensibles est de se découvrir trop capables de se passer de leurs âmes soeurs. Quand "la nature" impose de s'en séparer, l'échéance fatale leur permet au contraire de faire montre de déchirements qui

La preuve suprême

prouvent à leurs entours et leur prouvent d'abord à elles-mêmes combien il leur paraît terrible de devoir quitter l'autrui aimé. Nous ne saurons jamais si l'harmonie conjugale des Axminster aurait survécu à l'attentat d'Aberdeen. Celui de Milord Axminster change la donne. Ce mari un instant barbare passe ensuite son temps à soigner sa femme et à déplorer sa fin inévitable et redevient ainsi un héros du sentiment. Milady, pour sa part, aura toujours reculé devant la mort de Lucrèce. Quand elle pourrait se faire dorloter chez Mme Riding, elle préfère se montrer "trop idolâtre de son époux pour l'abandonner un moment" (p.55). Cette ultime preuve fournie, elle n'a plus qu'à mourir. Le ciel lui fait enfin "une faveur en finissant ses langueurs et ses peines" (p.59). On ne s'étonne pas trop, après tout ce qui a précédé, que Prévost a quelque mal à ajouter décemment que

> c'en était une aussi pour le vicomte car les continuelles souffrances d'une épouse si chère rendaient sa vie si triste et si malheureuse qu'on aurait eu peine à le trouver un instant tranquille. Cependant il sentit aussi vivement sa perte que s'il eût perdu tout son bonheur avec elle. Il en fut longtemps inconsolable. (p.59)

Il va sans dire que tous les deuils inconsolables de *Cleveland* ne sont pas si directement liés à un arrière-plan douteux. N'empêche qu'il suffit d'y regarder d'un peu près pour constater que ce contentieux n'est jamais très loin et qu'ils s'accompagnent tous d'une insistance très marquée sur la force singulière des attachements durement éprouvés. L'idée s'impose que le roman multiplie les morts émouvantes parce que ce genre de scènes aussi dénie la fragilité honteuse qui est son tourment secret. Au moment du départ et du deuil, toutes réserves sont comme submergées par un flot de larmes. La sensibilité toujours peu sûre d'elle-même trouve là, après les inconsciences et les prodiges déjà analysés, un troisième et suprême faire-valoir.

Qu'on ne se méprenne pas. La seule prolifération de la mort dans *Cleveland* ne suffit bien sûr pas à étayer notre propos. Cette abondance, à vrai dire, est presque de tradition. Descartes se moquait quand il voulait que le bon sens fût la chose du monde la mieux partagée; ce superlatif convient au seul Thanatos -et les taux de mortalité en Romancie renchériraient plutôt sur ceux de la vie réelle. Il serait même excessif de prétendre que toutes les morts de *Cleveland* se rattachent à son plaidoyer pour le sentiment. L'enfer des Nopandes et le projet de suicide de Cleveland relèvent de problématiques tout à fait différentes; ailleurs, Prévost accentue sa note édifiante en racontant la conversion finale d'un fourbe jésuite ou d'un esprit fort. Reste toujours que ces passages, quel que soit leur

La preuve suprême

intérêt intrinsèque, se profilent à chaque fois comme des manières de hors-d'oeuvre. La mort pathétique, elle, domine toute une série d'épisodes, qui marquent autant de temps forts du roman. C'est cette série, qui culmine, aux dernières pages de l'ensemble, avec la fin émouvante entre toutes de Cecile, que nous devons maintenant interroger.

Non sans avoir rappelé au moins d'un mot que, du point de vue de l'histoire littéraire, notre série est comme le prélude d'un alignement plus considérable encore. Le roman sentimental, jusqu'aux beaux jours du Romantisme, termine volontiers sur une belle agonie, qui permet alors d'ouvrir toutes larges les grandes orgues du pathétique. Ces morts de Clarisse Harlove, de Julie d'Etange, de Virginie, d'Atala[1]... remanient toutes peu ou prou l'exemple canonique de Cecile. A moins qu'on ne préfère croire, bien sûr, que l'incitation première viendrait plutôt de *Manon Lescaut*. Des Grieux raconte en effet qu'il recevait de Manon "des marques d'amour au moment même qu'elle expirait"[2]. La phrase résume en une ligne ce que *Cleveland* étale sur quelques dizaines de pages[3]; en regard d'une sobriété si poignante, on a presque honte d'ajouter que l'amour de Manon avait très besoin de cette "marque" suprême...

***

Les deuils émouvants, disions-nous, ne surclassent pas nécessairement un contentieux précis. C'est notamment le cas lors de l'étape la plus douloureuse de l'odyssée américaine de Cleveland, lorsque, prisonnier avec les siens des cruels Rouintons, ceux-ci le séparent violemment de sa fille, à peine âgée de quelques mois, pour s'en faire aussitôt un horrible festin. Cleveland comme Fanny essaient en vain de la leur arracher; leurs ennemis ont vite fait de les garrotter. Fanny s'évanouit; Cleveland aperçoit "à cinquante pas d('eux) la flamme qui s'élevait au-dessus du cercle des sauvages" (p.231)...

---

[1] Cf. au sujet de ces trois dernières un bel article de Roland Mortier, *Julie, Virginie, Atala ou la mort angélique*.

[2] *Histoire du Chevalier des Grieux et de Manon Lescaut*, p.199. Rappelons que, pour Michel Vovelle, "la mort de Manon Lescaut dans les bras du chevalier Des Grieux fournit l'image d'une de ces scènes qui reflètent et modèlent une sensibilité" (*La mort et l'Occident de 1300 à nos jours*, p.445).

[3] Notons au passage que notre roman réussit une fois à se montrer aussi exemplairement concis. Il est vrai qu'il s'agit alors d'un comparse, M. de Tréville, que le texte, au moment de l'introduire, accrédite en indiquant que "l'éclat de sa douleur à la mort de (Madame) avait fait beaucoup d'honneur à la bonté de son caractère" (p. 567).

La preuve suprême

L'enfant nouveau-née étant forcément au-dessus de tout soupçon, ce serait l'occasion ou jamais d'une douleur simple et exempte de toute dissonance. L'irrépressible méfiance affleure pourtant quand Fanny, revenue de son évanouissement, se dit décidée à ne pas survivre à sa fille. Cleveland, qu'on veut bien croire animé des meilleures intentions, lui oppose "un reproche tendre" (p.230):

> Vous la préférez donc à moi, lui dis-je, et vous ne voulez pas regarder mon amour et ma présence comme deux fortes raisons qui vous obligent de vivre? (...) Que dois-je penser de votre amour, s'il ne vous fait pas préférer à la mort le plaisir de vivre avec moi? (p.230-31)

Cleveland affirme, sans faire le détail, qu'il "ajoutai(t) quantité de raisons aussi pressantes" (p.231); on dira aussi que son argument appartient assez naturellement au "piteux arsénal de consolations"[4] qu'on peut invoquer en pareil cas. Il ne s'imposait toujours pas de le formuler comme un "reproche", qui, quoi qu'en dise le narrateur, ne rend pas exactement un son des plus tendres.

Le lecteur, à supposer qu'il s'en inquiète, est au demeurant rassuré tout de suite puisque le propos un peu abrupt atteint son but. Fanny finit par "confesser" qu'ils doivent "chercher (leur) consolation dans l'assurance d'être aimés l'un de l'autre" (p.231). Cette "assurance" est en outre comme encadrée par une preuve de dévouement plus rare de la part de son mari. Fanny s'étant évanouie à l'instant crucial, Cleveland, au moment même où il croit les Rouintons occupés à leur horrible repas, s'avise de lui épargner le pire par une "tromperie innocente" (p.231): il lui fait accroire que les Rouintons ont simplement emmené leur fille vers un de leurs villages de peur qu'elle ne retarde le gros de la caravane, que ses malheureux parents se voient bien forcés de suivre. Il soutient ce mensonge charitable pendant quelque trois mois[5], jusqu'au moment où, devant la perspective d'un retour enfin possible en Europe, la vérité paraît à son tour plus profitable. Fanny refuserait sans doute de quitter le Nouveau Monde s'il lui restait une lueur d'espoir d'y retrouver jamais sa fille.

---

[4] Marguerite Yourcenar, *Souvenirs pieux* in *Essais et mémoires*, p.742.

[5] La *Chronologie interne* proposée dans les *Oeuvres de Prévost* voudrait que "Cleveland raconte à Fanny la mort de leur fille, deux mois après l'événement" (*Oeuvres...*, t.8, p.84). Je crois qu'il faut en compter plutôt trois, soit "six semaines de marche", puis "plusieurs jours" (p.232) avec les Rouintons, "quelques semaines" (p.233) dans un village indien, puis "quatre jours" (p.233) pour s'acheminer vers le rendez-vous avec des marchands espagols, qu'on attend encore pendant "environ huit jours" (p.233)...

La preuve suprême

Ce n'est pas la première fois que Cleveland se montre capable de pareille discrétion héroïque. Il en avait fait autant quelques semaines plus tôt quand, partis ensemble à la recherche d'Axminster, une mystérieuse épidémie décimait le cortège abaqui qui les accompagnait. Cleveland se dévoue alors à soigner ces malades, qui sont toujours ses sujets. Il préfère installer Fanny et sa fille à l'écart du campement. Le souci de la contagion suffit à motiver une décision si raisonnable. Il est moins évident qu'il choisisse du coup de lui cacher l'ampleur du mal:

> Je composais mon visage en m'approchant de Fanny, et loin de lui apprendre les progrès continuels de la maladie qui m'enlevait tous les jours douze, quinze, et quelquefois quinze Abaquis, je la flattais par l'espoir d'un heureux changement. (p.221)

La suite est plus surprenante encore:

> Elle feignait de me croire, et dans le temps que je lui déguisais ainsi nos maux pour lui épargner le chagrin de les connaître, elle dissimulait de même en affectant de les ignorer, de peur que ce n'en fût un nouveau pour moi que de l'y croire trop sensible. (p.221)

Ces miracles de délicatesse si parfaitement réciproques ne servent pas à grand chose et n'ont surtout aucune incidence sur la suite des événements, dont le controle, à cette étape du roman, échappe complètement aux protagonistes. L'épidémie comme la désertion consécutive des Abaquis sont des maux "sans remède" (p.222). Dans ce dernier cas aussi d'ailleurs, Cleveland, une fois l'irréparable accompli, s'efforce au moins de faire croire à Fanny que les fugitifs sont partis de son plein gré.

Prévost, qui raconte apparemment ces réserves aussi délicates qu'inutiles pour la seule beauté du fait, réussit même à en glisser une au moment où Cleveland avoue enfin la mort de sa fille. Il a soin, en cette minute de la vérité, de n'en communiquer toujours qu'une version adoucie:

> Pour les circonstances, je les lui déguisai avec soin, et j'en inventai quelques-unes (...) que je crus propres encore à adoucir sa peine. (p.234)

La scène frappe surtout parce que Fanny s'y montre tout de suite très consolée:

La preuve suprême

> Voilà une mort, me dit-elle, qui me rend la vie. En quelque lieu du monde que ce puisse être, je ne m'affligerai jamais de voir ce que j'aime aller au Ciel avant moi. Je ne suis plus inquiète à présent pour ma fille. C'est là que je suis bien assurée de la retrouver un jour. (p.234)

Assurance d'autant plus significative que le texte n'a jamais nommé l'enfant nouveau-née; pas un mot n'indique que, pendant leur séjour chez les Abaqui qui leur en laissait largement le loisir, ses parents aient seulement pensé à la baptiser. Un chrétien traditionnel s'inquiéterait du salut de la petite morte -et ne se montrerait d'ailleurs pas si sûr de gagner lui-même le ciel. Ces scrupules paraissent ici d'un autre âge. Cleveland y va même d'un commentaire qui vaudrait un indice de plus à ceux qui croient que cette confiance trop assurée dissimule souvent, au XVIIIème siècle, certain désintérêt secret et encore peu avouable pour l'au-delà:

> Il me fut aisé de juger qu'une consolation si prompte venait moins de l'état heureux où elle croyait sa fille que de l'état misérable, si je puis m'exprimer ainsi, où elle commençait à s'assurer qu'elle n'était plus. (p.234)

***

La mort de Milord Axminster reprend en gros les mêmes traits. A peine sortis de captivité, Fanny et Cleveland le retrouvent à point nommé dans une bourgade perdue de la Floride. L'agonisant se montre émerveillé de cette coïncidence quasi miraculeuse, où il veut voir un "augure favorable" (p.240) de son salut. L'argument est d'une théologie un peu bien romanesque; cela aussi revient à dire que les effusions et les ultimes conseils de l'ici-bas l'intéressent peut-être plus que la vie à venir. La scène est émouvante à souhait:

> Il baisait les mains de sa fille, il serrait les miennes, il nous priait instamment de retenir nos larmes et de conserver l'un pour l'autre une immortelle affection; enfin, il nous avertit lui-même qu'il se sentait prêt d'expirer, et il expira en effet un moment après, comme il l'avait désiré, c'est-à-dire entre les bras de sa fille et les miens. (p.240)

Le vieillard ne doit pas penser à mal quand il recommande à ses enfants de se garder une "immortelle tendresse". Le narrateur, lui, prend soin de noter que l'affliction de Fanny lui "répondait (aussi) de sa sincère affection" (p.240)

La preuve suprême

conjugale; la preuve valait donc d'être recueillie. Comme pour participer lui-même de cette confirmation, il transcrit ensuite quelques mots passionnés qu'il aurait échangés avec Fanny près du cadavre d'Axminster. Ces douceurs risqueraient à un tel moment de paraître incongrues; il s'en justifie d'abondance:

> Ce n'est pas sans raison que je mêle au récit d'une de mes plus grandes infortunes celui d'un mouvement d'amour, et de quelques expressions de la tendresse de Fanny et de la mienne. Cette observation ne paraîtra pas indifférente à ceux d'entre mes lecteurs qui auront assez de lumières pour juger de la nature d'une passion que deux ans de mariage, et une chaîne continuelle de malheurs, avaient été si peu capables d'affaiblir qu'elle avait la force de se faire écouter avec cet empire parmi les transports mêmes de la plus vive de toutes les douleurs. Sera-t-on surpris de lui voir produire après cela les effets terribles qu'on doit s'attendre à lire? (p.241)

Les "effets terribles" qui devraient paraître moins surprenants ne sont autres que la crise havanaise et la fuite de Fanny, à ce moment toutes proches. Il semble au moins hasardeux de les rattacher à la véhémence d'une "passion" dont elles indiqueraient plutôt l'intime insuffisance[6]. Admettons que le narrateur espérait que le souvenir d'un si beau "mouvement d'amour" la ferait paraître moins accablante.

Comme quoi la mort émouvante semble ici encore conjurer un soupçon insistant. On retrouve de même une gerbe de réticences délicates. Après les toutes premières effusions, l'hôte espagnol qui a recueilli Axminster suggère à Cleveland et à Fanny de s'éloigner un moment de peur de fatiguer le malade. Cleveland, quand il s'apprête à suivre ce conseil fort sensé, se croit tenu d'ajouter un mot d'espoir que tout le monde sait être parfaitement vain:

> Je fis même un effort pour (...) dire (à Milord Axminster) que nous espérions pour sa vie plus que lui-même, et que nous allions le quitter un instant, de peur qu'une émotion si excessive n'augmentât son mal. Mais il

---

[6] On pourrait certes comprendre, dans un registre vaguement stendhalien, que les grands écarts présupposent de grandes passions. Le lecteur de 1731, même s'il savait apprécier *Les effets surprenants de la sympathie*, n'était sans doute pas encore assez formé à l'admiration des fauves magnifiques pour être sensible à un tel argument. Ce serait d'ailleurs la seule fois, dans le roman tout entier, que la fuite de Fanny figurerait en tant que telle une preuve d'attachement.

La preuve suprême

> s'y opposa absolument. Ne m'ôtez pas, nous dit-il, la seule douceur qui me reste à prétendre dans la vie. (p.239)

La conversation se poursuit donc et porte, comme on s'en doute, sur les aventures périlleuses des uns et des autres. Cleveland choisit de taire l'épisode le plus douloureux des siennes, qui affecterait trop le moribond:

> Il ne sut point que le ciel nous avait accordé une chère fille. Mon épouse me regardait tendrement lorsque je fus à cet endroit de ma narration. Je lisais dans ses yeux qu'elle eût souhaité de pouvoir lui apprendre cette intéressante circonstance, qui eût eu sans doute quelque douceur pour lui, s'il eût été possible de la détacher de ses funestes suites. (p.239)

Quand il "affect(e en outre) de ne pas prononcer le nom de Mme Riding" (p.239), morte pareillement chez les Rouintons[7], le vieillard demande lui-même de ses nouvelles. Il ne se montre pas trop affecté de sa mort puisqu'il "ne tarder(ait) pas deux jours à la rejoindre" (p.240) au ciel. Cleveland, qui vient d'affirmer que, "dans ce tendre moment de communication et d'ouverture de coeur", le "déguisement" (p.239) lui coûtait, pourrait alors lui apprendre qu'il y rejoindrait aussi une petite-fille, mais n'en fait rien. Les retrouvailles célestes devaient paraître insuffisantes pour pallier un tel chagrin!

Après la mort d'Axminster, Cleveland et Fanny bénéficient eux-mêmes d'une précaution délicate. Leur hôte leur évite le spectacle toujours affligeant de la mise en bière du cadavre en profitant du bref moment où leur "mouvement de tendresse" en détourne un instant leurs regards:

> Le corregidor et son fils prirent ce temps avec beaucoup d'adresse pour transporter le corps de Mylord dans une chambre voisine; et nous le redemandâmes en vain lorsque nous nous fûmes aperçus de ce qu'ils avaient fait. (p.241)

Cleveland passe ces premiers jours "dans l'excès de (s)a douleur". Il s'emploie "pourtant à la déguiser pour rendre (s)on épouse plus capable de consolation par (s)on exemple" (p.241).

---

[7] Rappelons que le retour de Mme Riding, dans le second *Cleveland*, est un corollaire de l'identification de Cecile, qui n'était pas encore au programme du roman de 1731.

O! malheureuse Cécile! quel poison vous a fait oublier
votre devoir et jusqu'au soin de votre vie!

La preuve suprême

***

On se souvient comment Philippe Ariès parlait, pour cerner le tournant majeur que le XVIIIème siècle apportait à sa grande histoire de Thanatos, d'une *mort de toi*. Le terme signifiait d'abord que, sous l'impact des Lumières et de la sécularisation progressive du monde moderne, les agonisants et leurs proches se montraient désormais moins préoccupés du salut éternel à assurer que des douleurs de l'adieu, soudain de plus en plus intolérables. Qui pensait encore à l'au-delà trouvait presque évident d'aller d'office au Ciel et y escomptait surtout des retrouvailles avec ses chers disparus. C'est assez ce qui se passe ici: Fanny rêve de revoir un jour sa fille, Axminster compte retrouver Mme Riding

Il serait bien entendu absurde de considérer les scènes qu'on vient de voir comme autant de tranches de vie. *Cleveland* ne pratique pas ce réalisme-là. La seule localisation excentrique de nos scènes, des cavernes de Rumney Hole à une Amérique de fantaisie, suffirait à avertir qu'il serait hautement imprudent de prétendre y reconnaître un quelconque reflet des pratiques réelles. Le reflet, qui plus est, serait en l'occurrence singulièrement précoce. La *mort de toi* déploiera surtout ses fastes dans la seconde moitié du siècle. Prévost, pour autant qu'il la rejoint, l'anticipe plus qu'il ne la transcrit. Décalage au demeurant peu surprenant: l'histoire des mentalités est habituée à ces "temps de latence entre l'expression littéraire privilégiée et l'attitude du grand nombre"[8] -et nous avons déjà remarqué à plusieurs reprises que *Cleveland* propose un des premiers tours d'horizon de la sensibilité, qui inventorie comme d'un seul coup ses espoirs et ses recours majeurs. A la limite, il aurait été plus étonnant que la *mort de toi* eût manqué ce rendez-vous.

Cette mise en scène anticipée pourrait en éclairer bien des dessous, que le tout-venant des diaristes et des épistoliers, auxquels Ariès emprunte ses exemples, dissimulaient plus efficacement. L'historien ajoutait en effet, et sans jamais s'interroger pour de bon sur un si étrange va et vient, que le recul horrifié devant les adieux allait souvent de pair avec une complaisance inavouée. Les belles âmes affligées recherchaient et prolongeaient comme à plaisir ces souffrances considérées pourtant invariablement comme "la plus vive de toutes les douleurs". Cet empressement devient moins énigmatique si l'on veut bien admettre que les émois terribles dont on se montrait si friand aidaient à conjurer un soupçon plus terrible encore. Ajoutons tout de suite que *Cleveland*, sur ce plan, se trahit surtout par certaine insistance maladroite dans la dénégation. L'intrigue se serait bien passée des coups d'épée que Milord Axminster assène à sa femme, il

---

[8] Michel Vovelle, *op.cit.*, p.446.

n'était guère plus indispensable de causer tendresse conjugale chez les Rouintons ou au chevet d'un père mourant. La récurrence insistante de ces notations superflues finit par articuler un souci profond.

Les charitables réserves prodiguées autour de nos deux dernières agonies - celle de Milady Axminster s'y serait mal prêtée- pourraient valoir une anticipation de plus. Les historiens de la mort ont volontiers parlé d'un tabou thanatique, qui se serait imposé au fil du XIXème siècle pour dominer ensuite une large part du XXème. Il aurait partie liée avec une incapacité congéniale du sujet -ou de l'individu- moderne d'accepter la mort, incapacité qui l'opposerait, et pas trop à son avantage, aux soumissions plus décontractées que la plupart des générations révolues auraient réussies sans efforts excessifs. Philippe Ariès faisait contraster dans ce sens "notre " *mort interdite* avec une immémoriale *mort apprivoisée*.

L'idée consonnant assez avec l'hypothèse globale du présent essai, il serait tentant de suggérer que Cleveland, au moment où il feint de garder de l'espoir pour Milord Axminster, inaugure une longue tradition de mensonges aux agonisants. La formule, je crois, n'est valable qu'à condition d'y voir un raccourci. Les réticences que nous venons d'inventorier sont assez inhabituelles dans la tradition romanesque pour qu'on y lise l'amorce d'un recul inédit, partant moderne, devant Thanatos. Il reste pourtant qu'elles sont à chaque fois dictées par le souci d'épargner la sensibilité d'un proche. Ceux qui les pratiquent ne s'aveuglent eux-mêmes sur rien. Les dérobades à venir, en d'autres termes, ne se manifestent encore que par une nouvelle sollicitude pour autrui. La *mort interdite*, pour autant qu'elle affleure ici, reste étroitement inféodée à la *mort de toi*: où les adieux se font déchirants, on peut craindre qu'ils ne soient pour de bon trop durs et esssayer de les éviter aussi longtemps que possible à tels proches aimés. *Cleveland* ne va pas vraiment plus loin. Cela fait toujours un premier pas décisif. Il suffira que ces craintes se généralisent, que les appréhensions que certaines choses ne soient impossibles à assumer en direct deviennent une évidence unanimement partagée, pour aboutir aux conspirations du silence qu'on sait. Cet aboutissement sera en même temps aux antipodes du point de départ: la *mort de toi* est par nature démonstrative...

La dernière mort importante du premier *Cleveland* semblerait presque destinée à illustrer ce partage. Après la fuite de Fanny, Cleveland a encore la douleur, pendant son retour en Europe, de perdre son demi-frère Bridge, qui, descendu un instant à terre à La Corogne, y tombe sur Gelin et se fait massacrer par lui. L'équipage, quand on rapporte le cadavre à bord, se montre assez affectionné pour cacher quelque temps ce nouveau malheur. Cleveland apprécie leur

La preuve suprême

sollicitude, mais s'en passe volontiers pour lui-même:

> Nos gens avaient eu cette attention. C'était rendre en effet un service considérable à ma belle-soeur et à sa fille que de leur épargner les vifs transports que cause presque toujours une douleur subite et imprévue, et de prendre des mesures pour les y préparer. Mais pour moi, qui étais accoutumé plus que jamais à juger d'un événement au premier coup d'oeil, et à le dépouiller de toutes ses circonstances pour l'envisager en lui-même, il importait peu de quelle manière le plus affreux malheur me fût annoncé. (p.273)

Ce n'est pas la première fois que Cleveland s'attribue une maîtrise de soi exceptionnelle, qui l'aura précisément rendu capable des belles discrétions alignées ci-dessus. Comme l'équipage, de toute manière, ne saurait lui cacher longtemps la catastrophe, il s'y remet ici aussitôt. Bridge, qu'on avait cru mort, était seulement évanoui, mais n'a plus que quelques heures à vivre; Cleveland, qui le voit fort bien, "l'exhort(e) à bien espérer de la bonté de son tempérament et de la force des remèdes" (p.274) et s'empresse ensuite, sur la demande de l'agonisant, d'aller lui chercher "son épouse et sa fille" (p.275), qui ne sont toujours au courant de rien. Cleveland n'hésite pas un instant à satisfaire "une demande si juste" (p.275) et s'efforce de préparer sa belle soeur en lui

> déclar(ant) qu'il fallait s'armer de courage et de résolution pour voir son époux dans un état auquel elle ne s'attendait point. (p.275)

Il serait délicat de décider si cette tournure un peu enveloppée relève encore des pudeurs du langage noble ou déjà d'une discrétion plus moderne. Je pencherais pour celles-là puisque le propos, à ce moment où le temps presse, se veut de toute évidence explicite. Ces rapides préparatifs, par malheur, auront encore été trop longs. Cleveland en est désolé:

> Cette courte absence m'ôta néanmoins la satisfaction de recevoir les derniers soupirs de mon cher frère. Il expira avant que je pusse être de retour dans sa chambre, c'est-à dire quatre minutes après que j'en fus sorti. Quelque habitude que j'eusse prise de dépouiller, comme je l'ai dit, tous mes malheurs de leurs circonstances pour n'y considérer que ce qu'ils avaient de réel, j'avoue que c'en fut une bien terrible et bien insupportable que cette tromperie du sort (p.275)

La preuve suprême

La "circonstance", notons-le bien, n'est pas exactement "terrible" parce que Bridge, du coup, s'est vu réduit à mourir seul. Cleveland regrette que lui-même n'a pas eu le loisir de prendre congé:

> A peine lui avais-je dit quatre mots depuis que j'avais été averti de sa blessure. Mille sentiments tendres, que la douleur et l'amitié avaient fait naître en confusion dans mon coeur, s'y trouvaient resserrés sans pouvoir éclater. (p.275)

Les coeurs sensibles, nous l'avons assez vu, aiment laisser "éclater" leurs "sentiments tendres"; cela suffira encore longtemps pour retarder les silences crispés du tabou moderne. Lors de la fin trop rapide de Bridge, Cleveland regrette de se voir acculé à ce silence. Cela ne l'empêche pas de s'en faire aussi un mérite:

> Je m'étais contraint auprès de lui, pour le ménager dans l'état où je l'avais vu; et je me trouvai obligé en apprenant sa mort de me faire encore polus de violence pour ménager ma belle-soeur et sa fille et pour les porter à la modération par mon exemple. (p.275)

Les maux de la fin

Le premier *Cleveland* devait apparemment continuer, à en croire les dernières lignes du *Livre septième*, sur les morts corrélées de Madame et de Cecile, qui n'est toujours à ce moment que le second amour du protagoniste. La toute dernière phrase du paragraphe final donne même à penser que le romancier ne comptait pas s'arrêter en si bon chemin. On croit deviner que la réconciliation avec Fanny, dûment facilitée par la mort de Cecile, aurait abouti à une réunion assez brève. Cleveland, après avoir annoncé "des retours de joie et de félicité", ajoute:

> Par la disposition ordinaire de mon sort, je devais les payer bien cher après les avoir possédés quelque temps. (p.354)

Le premier *Cleveland* aurait bien pu se terminer sur la mort inattendue de l'épouse enfin retrouvée...

Le suite effectivement réalisée raconte les deux premières morts et est si loin de les montrer comprises "dans le même arrêt du ciel" (p.354) qu'elle les disso-

La preuve suprême

cie au contraire complètement[9]. La mort de Madame est en outre expédiée en trois rapides paragraphes[10]. Du *Livre huitième* à la fin du *Quatorzième*, nous n'avons plus droit à aucune agonie pathétique en bonne et due forme[11]. On pourrait presque y voir un changement de rhétorique. La mort, pour apporter une consécration suprême de la force des liens qu'elle dénoue, en vaut aussi, tout bien considéré, la preuve la plus sommaire. La démonstration se limite en somme à montrer assez directement combien ces liens sont douloureux à briser. Le second *Cleveland* élabore un argumentaire plus sophistiqué. La réunion longuement détaillée des époux, la nouvelle identité de Cecile et les passions inutiles qu'elle suscite y donnent lieu à une intrigue proprement sentimentale[12]. Le

---

[9] La mort de Madame ouvre le *Livre dixième*, celle de Cecile forme le sommet du *Livre quinzième*. Le décalage est de quelque deux cents pages, très exactement de la p.437 à la p.613. Elles correspondent, au niveau de la chronologie des événements, à environ neuf mois.

[10] Cf. surtout, au sujet de cet épisode, Laurent Versini, *L'abbé Prévost et la mort de Madame*. J'ajouterais pour ma part que le narrateur parle surtout de sa propre douleur devant cette fin si imprévue. Nous retrouvons, accusé encore par la rapidité de l'épisode, l'égocentrisme coutumier de la *mort de toi*: "Ciel! quelle impression ce spectacle ne fit-il pas sur moi. J'étais debout, appuyé sur les bras de deux de mes gens. Je sentis plus d'une fois mes forces prêtes à défaillir..." (p.437)

[11] Sauf à considérer comme telle la maladie presque mortelle de Dom Thadeo, que, par un "miracle de l'amour", Fanny guérit en lui rendant un instant visite. On imagine aussi que ces six *Livres* comportent, comme les autres, leur lot de morts épisodiques, qu'il serait fastidieux d'inventorier. Je rappelle seulement que, détaillant les précédents inquiétants du duc de Monmouth, Prévost indique que, dans un accès de jalousie, il avait frappé sa première femme "d'un coup d'épée qui lui ôta la vie" (p.493). Cela aurait pu rappeler la fin tragique de Milady Axminster. Le texte se contente en l'occurrence de noter que Charles II, qui est le père de Monmouth, consent benoîtement à y voir "un excès de jalousie qu'il crut devoir pardonner à la jeunesse et à l'amour" (p.493)! Suivent quatre phrases sur les regrets du meurtrier, qui se dissipent aussitôt que son père le nomme à l'ambassade de France....

[12] Le premier *Cleveland* gardait pour l'essentiel, du moins jusqu'au retour en Europe, la structure globale d'un roman d'aventures, que Prévost ponctuait généreusement d'épisodes émouvants. Nous avons vu que les circonstances tragiques de la mort de Milady Axminster n'ont aucune incidence sur le profil global de l'intrigue. Elle n'aurait guère non plus à être très différente si Cleveland et Fanny apprenaient la mort de milord Axminster de quelque rescapé, ni même -pour le premier *Cleveland* s'entend- si Fanny n'avait pas été mère lors de sa capture par les Rouintons. Ces belles morts sont bien des épisodes.

Les maux de la fin

charme un peu court des belles morts passe du coup à l'arrière-plan.

Elles reviennent à nouveau quand, ces preuves plus recherchées largement administrées, il s'agit enfin de terminer le roman. Les inconsciences et les prodiges ne sont jamais, fondamentalement, que des trompe-l'oeil, qui, même servis par l'éloquence très efficace de Prévost, ne sauraient guère fournir un dénouement vraiment rassurant. La mort, pour engager un pathétique plus élementaire, préserve au contraire les attachements qu'elle brise de tout fléchissement ultérieur. Garantie en l'occurrence d'autant plus opportune que les contentieux que nous flairions derrière les belles morts tendent ici à s'accumuler: on ne s'abandonne pas impunément aux voltiges de la haute sensibilité.

La mort de Don Thadeo n'est toujours marquée que de fêlures bénignes. A force de s'attacher en cachette aux pas de Cecile, ce soupirant vertueux assiste à une tentative d'enlèvement de la part de son rival moins scrupuleux. Le duel qui s'ensuit lui coûte la vie, mais sauve aussi l'honneur de sa bien aimée. Thadeo s'en félicite en mourant:

> Je ne cherchais ici que le plaisir innocent de (...) voir (Cecile), et je ne me croyais pas réservé au bonheur de mourir pour elle. C'est un sort si heureux qu'il ne me laisse point de regret pour la vie. Il expira en finissant ces derniers mots. (p.585)

Voici bien une mort qui prouve la qualité d'un attachement. Pour la rendre plus émouvante encore, Prévost s'arrange pour y faire assister Fanny, ce qui lui permet de répéter, fût-ce seulement pour un succès plus instantané, le miracle de l'amour qu'on sait: "Fanny s'agit(e) pour arrêter son sang qui coulait en abondance" et "ce soin par(aî)t le ranimer" (p.585) un instant.

Cleveland, de son côté, éprouve sans doute "un remords cuisant d'avoir tardé trop longtemps à (...) secourir" (p.585) Thadeo. Ce regret est une délicatesse de plus, le retard était trop compréhensible. Arrivé à son tout sur le lieu du duel, le père s'y était inquiété d'abord de Cecile évanouie et saisie de convulsions. Thadeo, en outre, était de toute manière blessé à mort: "une assistance un peu plus prompte" lui aurait au mieux fait gagner "quelques moments"(p.585) de vie. Le "remords cuisant", en d'autres termes, n'atteste guère qu'une affectueuse inquiétude. La belle scène est plus sérieusement fêlée quand on découvre, en interrogeant un complice de la tentative d'enlèvement, que Thadeo, jusque-là si vertueux, avait lui aussi pensé à enlever Cecile. Cela paraît "propre à diminuer beaucoup la compassion que (Cleveland) cro(it) devoir à ce malheureux Espagnol" (p.590). Le texte préfère ne pas trop approfondir cet "autre mystère"

La preuve suprême

(p.590): *de mortuis nil nisi bene...*

C'est aussi que, dans le *Livre quinzième*, l'intérêt ne va plus qu'à la fin émouvante de Cecile elle-même. Elle engage des fêlures autrement graves. Cecile, dans les deux derniers *Livres*, paraît rongée par un mal mystérieux, qui finit par altérer sa santé. Ses parents cherchent en vain à percer le secret; la jeune fille, quand on l'interroge, ne répond que par de souriantes protestations d'attachement. Elle l'explique seulement quand la mort se fait de toute évidence très proche. Nous apprenons alors que Cecile dédaignait tous soupirants parce qu'elle était mal revenue de son premier amour, celui qu'elle avait ressenti pour Cleveland. Fixation souvent décrite comme la trouvaille psychologique la plus audacieuse de Prévost; on y pressent d'autant plus volontiers le génie de Freud que l'amour pour le parent de sexe opposé figure dans la psychanalyse le problème premier et jamais parfaitement résolu de toute vie psychique. Ici encore, il me semble que *Cleveland*, plutôt que de devancer une grande découverte, pourrait bien la déborder: le roman éclairerait en ce cas le charme secret d'une thèse qui, pour s'être affichée comme une des plus graves blessures narcissiques jamais infligées à l'humanité, n'en a pas moins connu un succès incomparable. Le motif de la fixation à l'Oedipe à jamais impossible à liquider informe surtout, sous la plume de Freud, une psychopathologie; il va aussi au-devant du rêve le plus secret de la sensibilité moderne, toujours soucieuse de se découvrir des attachements indestructibles.

La question de savoir si le succès des psychanalyses tient aussi à ce côté secrètement lénifiant de leur message nous entraînerait ici trop loin. Il nous suffira donc d'indiquer cette perspective et de constater, au plus près de notre roman, que le mal mystérieux de Cecile est à la fois une impasse et une réussite suprême. Nous avons vu comment l'amour de Cecile fusionnait, pour le réchauffer encore, avec le bonheur familial retrouvé de Cleveland; cela revenait aussi à enfermer la jeune fille dans ce foyer incandescent puisqu'un mariage avec un soupirant quelconque ferait après cela un dénouement décevant. Prévost a dû penser par instants à une telle solution; on en trouve peut-être une trace dans l'étrange évidence avec laquelle Cleveland affirme un jour "que la première loi qu('il) imposerai(t) à son (gendre) serait de fixer sa demeure à Londres" (p.559) avec lui.

Le coup de génie aura été d'éviter ce compromis bourgeois au profit d'une fidélité mortelle. Cleveland, quand Cecile avoue enfin son terrible secret, s'efforce de lui faire miroiter un avenir radieux:

> Va, chère fille, repris-je en, recommençant à l'embrasser, les sentiments que j'ai conservés pour toi ne sont guère différents de l'amour. Si le ciel

Les maux de la fin

> ne t'offre pas un mari qui soit capable de répondre à la perfection des tiens, je te promets que tu trouveras dans le fond inépuisable de mon coeur de quoi remplir toute l'étendue de tes désirs. Et loin d'avoir à craindre une rivale dans ta mère, je te garantis qu'elle y mettra du sien pour te convaincre que je suis le plus passionné de tes amants (p.608).

On admettra que pareil bonheur est plus facile à annoncer qu'à mettre en scène. Sauf à imaginer un scandaleux ménage à trois que même Sade n'aura jamais raconté[13], Cecile, au-delà d'une telle promesse, serait vouée à rester vieille fille auprès de ses parents. Autant dire que la promesse devait s'adresser à une agonisante: elle est belle et radieuse de pouvoir rester inaccomplie.

Prévost y coupe court sans tarder; l'incident qui précipite la fin de Cecile suit immédiatement l'entretien décisif avec son père. Un enchaînement si serré permet d'abord de créditer ce moment d'ouverture d'un succès virtuel; Cleveland regrette d'avoir été interrompu:

> L'intention de mon coeur répondant à mes promesses, je n'ai jamais douté qu'elles n'eussent fait quelque impression sur le sien. J'osais même en juger déjà par l'ardeur avec laquelle je lui vis prendre ma main pour la serrer entre les siennes, lorsque les médecins, arrivés de Paris avec la dernière diligence, vinrent troubler un entretien dont je commençais à me promettre tant de fruit. (p.609)

La visite des médecins tourne à la catastrophe parce que les spécialistes convoqués arrivent en compagnie d'un prétendu confrère anglais qui n'est autre que le duc de Monmouth déguisé. L'étourdi profite des prérogatives de l'art pour tâter longuement le pouls de Cecile, puis, sur un diagnostic de fantaisie, pour un "outrage (...) à sa modestie" (p.610) plus indiscret encore. Quand Cecile devine ce qui se passe, elle "jet(te) un cri aigu, qui, dans la faiblesse où elle était, fut presque le dernier de sa vie" (p.610)...

Episode surprenant à plus d'un titre. *Cleveland*, jusque-là, ne paraissait pas

---

[13] Eugénie de Franval, dans la nouvelle qui porte son nom, devient la maîtresse de son père; il s'est déjà décidé auparavant au "plus cruel abandon de sa femme" (*Romanciers du XVIIIe siècle II*, p.1486). Dans *Aline et Valcour*, le Président de Blamont rêve par moment de partager un jour les faveurs de sa fille Aline avec le compagnon de débauche qu'il veut lui imposer comme mari; la jeune fille se donne la mort pour échapper à cet horrible mariage

La preuve suprême

porté aux stratagèmes gaulois; Monmouth, certes impulsif et violent, ne s'était jamais profilé comme un voyeur. Sa supercherie, qui plus est, trompe d'abord les médecins effectivement convoqués, qui se laissent duper par son charabia; on retrouve là une note moliéresque assez étonnante dans un roman qui fait plutôt confiance aux médecins[14]. Aussi se demande-t-on si l'étrange incident ne vaudrait pas une secrète doublure de la scène qu'il suit de si près. A force d'insistances affecteueuses, Cleveland a fini par arracher à Cecile un secret jalousement gardé; dans un roman psychologique du XXème siècle, il pourrait y avoir là un viol moral, qui léserait définitivement un psychisme déjà tourmenté. Cleveland narateur ne s'avise bien sûr pas de se soupçonner d'une telle maladresse, Prévost lui-même aurait sans doute du mal à la formuler en direct...

La question de savoir si l'imposture de Monmouth matérialise certain côté douteux de l'insistance de Cleveland ne permet aucune réponse tranchée. L'idée s'impose, mais reste impossible à prouver. Admettons au moins que ce n'est pas un hasard si le mal secret de Cecile, sur lequel on l'avait si souvent interrogée, est élucidé, à la lettre, à moins de vingt-quatre heures de sa mort. L'aveu de la jeune fille comme les promesses de son père sont possibles et -surtout- sont beaux à la faveur d'une fin imminente.

L'impasse sentimentale où le roman risquait de s'enliser se trouve ainsi occultée au profit d'un adieu émouvant: tout le monde regrette de devoir se quitter et ne regrette aussi que cela même. Nous avons vu que Prévost était, dans le premier *Cleveland*, un metteur en scène fort précoce, et dès lors un peu sommaire, des fastes de la *mort de toi*. Cela reste au fond tout aussi vrai en 1739. Monmouth s'étant enfui après son algarade, les trois médecins qui restent ne peuvent que constater la subite aggravation de l'état de leur patiente. Quand ils croient reconnaître en outre "la petite vérole" (p.612) et en font "appréhender la contagion pour Fanny", Cleveland décide de mener sa femme à Paris pour "sauver du naufrage une partie du moins de (s)es espérances" (p.611). Décision raisonnable, même si le diagnostic, que rien n'avait préparé, semble tant soit peu

---

[14] Cf. p.ex. le récit de la mort de Madame, où Prévost s'écarte de la vérité historique pour affirmer que "les médecins qui s'aperçurent du chagement de son visage et de l'altération de son pouls désespérèrent au même moment de sa vie" (p.436). Dans la *Relation de la mort de Madame* de Mme de La Fayette, que Prévost connaissait, les médecins "assurent sur leur vie qu'il n'y avait point de danger"; Madame répond "qu'elle connaissait mieux son mal que le médecin" (*Relation...*, p.85). *Cleveland*, sauf dans son dernier épisode, passe insensiblement à une confiance plus moderne au verdict du médecin.

Les maux de la fin

arbitraire. Son effet le plus clair est de supprimer les adieux proprement dits. Cecile, sur son lit de mort, n'a auprès d'elle que Mme Riding, que son âge immunise contre le danger, et le recteur de Louis-le-Grand, auquel Fanny avait fait appel de son côté.

Ce sauve-qui-peut dispense d'épiloguer sur la promesse enflammée de Cleveland; Cecile ne doit pas avouer, comme Julie d'Etange le fera sur son lit de mort à elle, que "cette réunion n'était pas bonne"[15]. L'absence généralisée supprime pourtant aussi toutes autres effusions. Tout se passe comme si Prévost ne savait pas encore faire parler d'abondance les belles âmes endeuillées ou, si l'on préfère -cela revient au même-, comme s'il réussissait le mieux à rendre l'intensité de leur chagrin en le contournant ostensiblement. La mort de Cecile devait être la fin la plus pathétique de l'ensemble; le texte y multiplie surtout, avec plus d'insistance que jamais, les discrétions affectueuses.

Cleveland avait déjà écarté Fanny lors de l'arrivée des médecins. Il avait agi "dans la crainte où (il) étai(t) de recevoir quelque prédiction funeste" (p.611) et se félicite par après de pouvoir lui cacher du coup la supercherie désastreuse de Monmouth. Il la convainc ensuite de partir avec lui pour Paris avec un argument faussement rassurant. Les médecins auraient dit que le mal de sa fille "était plus dangereux pour (ses parents) que pour elle-même", la jeunesse lui laissait "des ressources toujours certaines dans les forces de la nature"(p.612). Admettons qu'il fallait bien un mensonge pour arracher une mère d'auprès de sa fille mourante. Le père recteur, qui arrive entretemps, prend sur lui de retenir les trois messagers consécutifs que Cleveland envoie aux nouvelles:

> Il connaissait le coeur de mon épouse, et sans compter l'espérance qu'il avait encore de voir revenir ma fille d'un si grand péril, il avait mieux aimé, en supposant même qu'il eût bientôt à annoncer sa mort, qu'elle reçut tout d'un coup ce funeste éclaircissement de sa bouche, que de l'exposer à mourir mille fois de ses agitations et de ses craintes sur le récit mal conçu d'un domestique. (p.614)

Le lendemain, le recteur doit effectivement se charger de l'office traditionnel du *nuntius mortis*. S'il communique son "funeste éclaircissement" sans trop de périphrases, il a soin au moins de s'amener "sans aucun signe de trouble et d'émotion" (p.613). Cleveland, à ce moment, se préoccupe surtout d'épargner à Fanny la vue du cadavre; comme il n'est pas question de lui demander d'avoir ce ménagement pour elle-même, il invente un stratagème de plus et se dit décidé à

---

[15] Rousseau, *Oeuvres complètes II*, p.740 (= *La nouvelle Héloïse*, VI/12).

La preuve suprême

quitter tout de suite un pays qui lui rappellerait à jamais sa perte. Cela lui permet de convoquer immédiatement des chirugiens, qui doivent embaumer sa fille pour qu'on puisse emmener le corps en Angleterre. Lui-même se rend encore à Saint-Cloud pour un suprême adieu; il transmet aussi à la défunte le dernier salut de sa mère:

> Je lui donnai le baiser d'une paix et d'une tendresse éternelle. Voilà pour moi, lui dis-je après avoir pressé un moment ses lèvres (...). Et voilà pour ta mère, repris-je en la baisant encore une fois au même lieu: pour cette incomparable mère, qui aurait ici laissé son âme si je lui avais accordé la triste satisfaction que je viens de lui dérober. (p.617)

En quittant la chambre mortuaire, il ordonne au valet qui en a la garde "de n'accorder l'entrée de l'appartement à personne" (p.617).

Le transport du cadavre s'entoure de nouvelles discrétions. Mme Riding se chargeant de convoyer le "fardeau précieux" (p.620) dans une voiture qu'on fait construire spécialement à cet effet[16], Cleveland s'efforce de faire traîner les choses:

> J'avais pensé que chaque jour apportant quelque diminution aux plus violentes douleurs, c'était donner à la constance de Fanny quelque temps de plus pour se fortifier que de faire partir Mme Riding douze ou quinze jours après nous. Je lui recommandai même d'inventer quelque prétexte pour différer autant qu'elle pourrait son départ. (p.620)

Mme Riding les rejoint pourtant dès Rouen, où Fanny et Cleveland avaient dû passer quelques jours auprès de Mylord Clarendon en attendant de pouvoir passer en Angleterre. Les domestiques, décidément bien stylés, annoncent "secrètement" (p.636) son arrivée. Cleveland choisit de faire entrer le cercueil par "une porte dérobée" pour le déposer "dans une salle qu('il croit) peu fréquentée de (s)on épouse" (p. 637). Au premier moment, il semble même rêver d'une discrétion plus définitive encore:

> Je me flattais qu'en voyant arriver Mme Riding sans le triste monument qu'elle nous avait apporté, elle pourrait s'occuper uniquement de la satisfaction de revoir son amie, et perdre tout à fait de vue ce qui ne pouvait

---

[16] Cf. à ce sujet un bref article très éclairant de Robert Favre, *Sur un regret de l'Abbé Prévost: "L'usage de France est incommode pour le transport d'un cadavre"*.

Les maux de la fin

servir qu'à les affliger l'une et l'autre. Il ne m'aurait pas été difficile de lui dérober la vue du cercueil dans le vaisseau, et de le faire transporter sans sa participation dans nos terres de Devonshire. (p.637)

***

Cleveland, lors de son unique passage dans la chambre mortuaire, y éprouve une secrète douceur:

> Je me serais oublié longtemps dans ces considérations lugubres, et je ne sais comment, de la tristesse même de mes idées et de la mortelle amertume qu'un tel spectacle répandait sans cesse dans tous mes sentiments, il se formait une situation où je trouvais des charmes. (p.617)

Il n'entre pas dans le détail de ces "considérations lugubres"; le seul propos personnel qu'il ajoute à l'adieu de la mère assure simplement la jeune morte qu'elle ne l'a "jamais bien connu si (elle a) cru qu'il ait cessé un moment de (l)'adorer" (p.617). C'est indiquer directement l'enjeu central de l'épisode, voire du roman tout entier. Si la la phrase va droit au but, on dira pourtant aussi qu'elle le touche si bien en vertu de son souffle un peu court.

Fanny, de son côté, se disqualifierait sans recours si elle pouvait "perdre tout à fait de vue" le triste office de Mme Riding et demande presque tout de suite qu'on lui fasse "voir les restes de sa fille" (p.638). La scène, là encore, se limite à quelques lignes, qui sont les dernières du roman. Fanny "arros(e) quelques moments le cercueil de ses larmes", puis s'adresse à Monmouth, qui se trouve présent à la scène, pour lui dire qu'un si "lugubre spectacle" devrait enfin le convaincre de "l'indécence de ses sentiments et (de) la vanité de ses espérances" (p.638).

Ces adieux sommaires donnent à penser que Prévost, en 1738, ne sait toujours pas meubler longuement une belle agonie. C'est sans doute pourquoi les amorces de la *mort interdite* sont ici si abondantes, plus nombreuses de toute manière que ce qu'on rencontrera dans le tout-venant des romans sentimentaux de la seconde moitié du siècle. Le pathétique funèbre de *Cleveland* trouve encore une de ses voies les plus sûres, des plus propres aussi à suggérer une profonde affection, dans l'effort insistant du narrateur pour éviter un chagrin insupportable à Fanny. L'argument, à la longue, devient un peu mécanique -à moins qu'il ne se résigne aux surenchères outrancières: le projet de cacher l'enterrement de Cecile pourrait être le dessein le plus extravagant de ce roman qui en comporte beaucoup,

La preuve suprême

C'est, je crois, une des raisons pour lesquelles ce dénouement, s'il ouvre comme nous l'avons dit une série impresionnante de morts angéliques, reste aussi quelque peu en-deçà des variations plus somptueuses qui suivront. La *mort de toi* est une postulation, au sens presque kantien du terme, de l'apologie du sentiment; il convient d'ajouter que Prévost la postule plus qu'il ne parvient déjà à l'écrire.

Ce relatif échec se double pourtant de certain dépassement de ces versions plus accomplies; il les dépasse au demeurant en allant au-devant de ce que beaucoup, dont je suis, considèrent comme une des complaisances les plus douteuses du roman moderne. Nous avons vu que Cecile, sur son lit de mort, est assistée par le recteur de Louis-le-Grand. Le zèle de ce jésuite paraît d'autant plus méritoire qu'elle est protestante et qu'il sait se montrer assez éclairé pour dédaigner toute tentative de conversion *in articulo mortis*. Il se contente, en lieu et place, de "l'innocence de coeur et (d)es principes de charité qu'il lui (trouve) dans ses réponses" (p.613), en précisant il est vrai que Dieu n'en demande pas plus "à cet âge" (p.614); Prévost évite de scandaliser personne. Son prêtre idéal se montre, par la suite, tout aussi exemplairement ouvert aux emphases sentimentales:

> Qu'avait-ce été lorsqu'approfondissant de plus en plus ses dispositions, il avait découvert un coeur digne de Dieu même par l'ardeur étonnante de ses sentiments. A la vérité l'objet en était incertain pour elle-même. Elle tendait au bonheur d'aimer sans bornes et sans mesures, et les ténèbres des sens lui avaient caché jusqu'alors où ses désirs devaient se porter pour être heureusement satisfaits. (p.614)

Il n'est pas besoin d'être janséniste pour noter que, d'un point de vue chrétien, aucun coeur humain ne saurait être à proprement parler "digne de Dieu même". Le croyant espérera plutôt que la Bonté infinie agréera des offrandes nécessairement insuffisantes. L'agonie de Cecile n'est pas si modeste. L'agonisante comme son directeur s'y passent de toute contrition comme de toute reconnaissance et s'abandonnent à ce qui est dès lors une quasi apothéose du sentiment. Cecile agonisante est

> déjà moins semblable à une créature mortelle qu'à ces bienheureux esprits dont la substance est toute composée d'amour, (p.614)

Cette rhétorique-là, même si elle y va un peu fort, n'est plus pour nous surprendre. Il est plus troublant que Prévost attribue à sa belle agonisante un désir

Les maux de la fin

de Dieu d'accent nettement érotique:

> Son dernier soupir n'avait été que l'élancement passionné d'une amante qui se précipite dans le sein de ce qu'elle aime, pour y rassasier à jamais la fureur qu'elle a d'aimer et d'être aimée. (p.614)

La mystique n'a certes jamais hésité à emprunter des fragments de discours amoureux. On reconnaîtra pourtant que ce registre est plus ambigu de s'inscrire ici au terme d'un texte essentiellement voué aux ardeurs profanes. Cecile meurt d'être restée secrètement amoureuse de son père; son élan vers son créateur rend du coup un son trouble. Le texte, il est vrai, ne relève pas le parallèle: l'impatience de rejoindre Dieu s'y énonce en des termes qu'il aurait été scabreux d'appliquer explicitement au père. Toujours est-il que ce non-dit ne peut pas ne pas dominer l'épîsode. La *Liebestod* de Cecile est faite à la fois, sans que Prévost s'inquiète un seul instant du voisinage, d'un blocage aux lisières de l'inceste et d'empressement religieux.

La fiction romantique, au XIXe siècle, jouera volontiers et dangereusement des prestiges de la pathologie. Blocages et fixations y disent à leur manière, qui semble exclure tout soupçon de complaisance, la force indestructible d'un lien. Prévost ébauche un premier pas dans ce sens. Il se trouve d'ailleurs que l'agonie emportée de Cecile, si elle n'a bien sûr rien d'hystérique, est au moins fouettée par sa maladie -et que cela, autant qu'on voie, ne l'amoindrit nullement:

> Sa fièvre, que les médecins avaient commencé à juger mortelle, avait paru redoubler les transports de cette sublime passion en redoublant la chaleur de son sang. (p.614)

Conclusion

Cleveland, nous l'avons déjà vu, affiche un dessein édifiant qui est tout autre chose qu'un simple prétexte. La leçon spirituelle rejoint, en la doublant sur le plan des "idées", la recherche de proximité que la fable proprement romanesque comble du côté de la sensibilité. La mort émouvante de Cecile semblerait, pour le lecteur de bonne volonté, couronner à la fois les deux démonstrations. Cecile meurt indiscernablement d'être restée fidèle à son amour premier et d'aspirer au ciel.

Les toutes dernières pages du roman, paraissent à cet égard plus décevantes. La synthèse du même mouvement puissante et fruste un instant ébauchée y est relayée par quelques va et vient entre les registres sentimental et spirituel, qui prouveraient surtout que, dans ce roman des Lumières, le second devait fatalement se limiter à des énoncés stéréotypés. Cleveland y continue à épargner autant que possible la sensibilité de sa femme, qui lui paraît constamment proche d'un effondrement absolu. Comme Fanny, déjà croyante, est désormais chargée aussi d'incarner la supériorité de la foi sur la sagesse profane, le narrateur admire simultanément que son deuil est nettement plus calme que le sien propre! Clarendon, qui réussit la conversion définitive de Cleveland, bénéficie d'un contraste analogue. Quand Cleveland et Fanny arrivent chez lui à Rouen, lui aussi se trouve avoir perdu sa fille[1]. Cleveland l'admire à son tour de supporter courageusement sa perte. Ce vieil homme très croyant espère bien entendu rejoindre bientôt sa fille au ciel. Cet espoir s'énonce avec une insistance qui montre presque mieux que les versions plus nonchalantes déjà commentées que les retrouvailles célestes figurent désormais une perspective assez vague, valorisée cette fois pour les besoins de la cause.

Après quoi la conversion de Cleveland ne pouvait être que foncièrement sentimentale: c'est bien la perte de Cecile qui le rend perméable aux leçons de Clarendon. A la limite, il pourrait déjà faire sien le "j'ai pleuré et j'ai cru" de Chateaubriand. S'il ne le fait pas et si Prévost ne s'en avise pas pour lui, cela doit tenir au fait que la sensibilité, pour chaleureusement défendue qu'elle soit ici, restait en 1739 une valeur somme toute neuve, qui ne pouvait encore suffire

---

[1] Cette fille de Clarendon est l'épouse du duc d'York et donc la belle-soeur du roi d'Angleterre. On se demande si Prévost aurait cherché à restaurer la corrélation entre les fins de Madame et de Cecile envisagée à la fin du premier *Cleveland*. Force serait alors de constater que le romancier, de toute façon, n'en tire rien de très significatif. Ses quelques détails sur la mort de la duchesse d'York sont des plus quelconques; cette mort, de toute évidence, sert surtout à permettre le deuil exemplaire de son père.

Conclusion

décemment à motiver une conversion. Il fallait bien que le choix suprême s'appuie au moins apparemment sur de bons arguments...

Prévost ne sombre jamais longtemps dans l'insignifiance. Sa conversion un peu impropre donne lieu à une ultime péripétie. Cleveland, à Rouen, appelle auprès de lui ses deux fils, qu'il veut emmener en Angleterre. Ils lui sont amenés par le gouverneur que le recteur de Louis-le-Grand avait engagé pour les servir. Les internats du XVIIIème siècle, du moins dans un établissement modèle comme celui de Paris, admettaient ce type de distinctions. Le recteur, exemplaire comme toujours, avait su dénicher une perle: ce gouverneur avait même sauvé la vie des deux garçons en s'enfermant avec eux pendant une maladie contagieuse. Cleveland, qui n'avait jamais eu l'occasion de le rencontrer, s'empresse donc de le remercier -et découvre que le sauveur n'est autre que Gelin. Repenti pour de bon après que Cleveland lui avait pardonné son attentat en échange de la confession humiliante dont on se souvient, celui-ci avait choisi de se dévouer désormais, dans l'ombre, à ceux qu'il avait tant fait souffrir.

Pareille révélation, pour être surprenante, retrouve toujours un registre courant de l'hagiographie, où ce sont souvent les pêcheurs endurcis qui se montrent capables, par après, des vertus les plus héroïques. La réaction de Cleveland est plus inédite. Prévost aurait pu se contenter de lui faire pardonner un passé si amplement racheté; il choisit de souligner qu'il s'agit de beaucoup plus et surtout de tout autre chose que d'un bon mouvement:

> Je me garderai bien de faire honneur à la nature d'un des plus grands miracles de la grâce. Après la pesanteur qui avait arrêté ma bonté naturelle dans la visite que j'avais reçue de Gelin à Saint-Cloud, et qui m'avait même fait regarder comme un effort insigne la patience avec laquelle j'avais prêté l'oreille à ses remords, je n'attribuerai jamais le changement que j'éprouvai tout d'un coup à une autre puissance que celle qui gouverne les coeurs. La grandeur d'âme ira jusqu'à faire mépriser la vengeance, mais elle ne fera jamais accorder de la tendresse à un ennemi cruel pour prix du repentir. (p.635)

Peu importe sans doute qu'au moment de relater la "visite" de St.Cloud, le narrateur, pourtant très porté à ce genre d'autosatisfaction, ne s'était aucunement félicité d'un "effort insigne". Le vrai intérêt du contraste est d'indiquer que la "tendresse" que le converti accorde à Gelin n'est plus un prodige du coeur mais un miracle de la grâce, qui génère ainsi des sentiments dont la seule subjectivité personnelle serait radicalement incapable. La grande équivoque qui domine le

Conclusion

roman, la confusion des plaidoyers pour la religion et pour les valeurs du coeur couronnés simultanément par la sublime agonie de Cecile, se trouve ainsi un instant dissipée.

Précision capitale au regard de l'anthropologie historique, mais qui devait rester instantanée. Nous avons trop vu en cours de route combien Prévost, tout en s'efforçant de le retrouver, était devenu étranger au propos des religions traditionnelles. Son coeur, si l'on me permet ce raccourci un peu sot, était décidément du côté du coeur; il pouvait tout au plus entrevoir et indiquer un bref moment que les effets surprenants de ce qui s'appelle ici la grâce sont d'un ordre autre que psychologique.

Si ce bref moment frappe à peine à la première lecture, c'est surtout que ce pardon aussi soudain qu'absolu n'est pas, bien au contraire, la première réaction surprenante de notre roman. Ce genre de surprises serait plutôt sa règle. L'interminable intrigue de Cleveland aligne d'un bout à l'autre les impulsions et les gestes les plus déconcertants. Le chef-d'oeuvre de Prévost, c'est même sa principale faiblesse aux yeux du lecteur du XXème siècle, n'est en rien un roman psychologique. Pour un peu, sa fable tout entière, avec ses malentendus laborieux et ses effusions dédaigneuses de toute mesure, nous paraîtrait aujourd'hui complètement arbitraire. Certains épisodes, où le narrateur se délecte longuement d'une contentement de soi très peu fondé, sembleraient même vaguement comiques.

Les lecteurs du XVIIIème siècle n'ont pas souri de cette fatuité dans toutes les acceptions du terme inconsciente. Aux heures où ils étaient d'humeur sentimentale, ces lecteurs, au fond, ne tenaient pas tellement à ce qu'on leur proposât des romans psychologiques. Cleveland leur fournit plutôt un roman de la psychologie, a romance of psychology. L'invraisemblable saga les aidait à croire que les mouvements du coeur, à condition qu'on sût se montrer attentif à leur infinie richesse, fondaient une proximité chaleureuse que rien d'autre, depuis l'érosion d'appartenances aussi anciennes que le monde mais soudain déclinantes, n'assurait plus. Ce message n'a certainement pas disparu du roman ultérieur, j'y verrais même plutôt sa chimère majeure; Prévost y aura mis, parmi les premiers, toutes les ressources de sa rhétorique.

L'adolescent attardé qui allait devenir Jean-Jacques dévorait Cleveland, y compris le tome V apocryphe, dans le verger de Mme de Warens. Il devait en garder à jamais un souvenir brûlant. Sur l'heure, sa petite notoriété de bel esprit de province n'autorisait que des vers de mirliton:

Conclusion

(Parfois) dans *Cleveland* j'observe la nature
Qui se montre à mes yeux touchante et toujours pure.[2]

Le jeune Rousseau ne devait pas se douter de l'accent très personnel qu'il donnerait une bonne dizaine d'années plus tard aux mythes sans âge sur l'innocence de l'état de nature. Ce pauvre dystique du *Verger de Madame de Warens* prouve au plus, en se passant de toute glose, que *Cleveland*, en cette année 1739 où Prévost en rédigeait les derniers épisodes, figurait déjà, dans une ville aussi reculée qu'Annecy, une référence évidente. Le jeune rimeur le met à côté de *Télémaque* mentionné deux lignes plus haut. L'auteur des *Confessions*, quand il évoque ce souvenir, se permet un accent plus cavalier:

> La lecture des malheurs imaginaires de Cleveland, faite avec fureur et souvent interrompue, m'a fait faire je crois plus de mauvais sang que les miens.[3]

Jean-Jacques aura lu *Cleveland* "avec fureur" parce que, sans tout à fait repérer cette complaisance, il adorait se faire du "mauvais sang". Lui aussi, lui surtout avait besoin de se prouver qu'il était toujours très affecté par ses semblables. Le lecteur moderne ne saurait plus guère partager, ni même imaginer une lecture si passionnée d'un tel texte; il ne nous reste plus qu'à tâcher de comprendre cette "fureur" révolue....

---

[2] Rousseau, *Oeuvres complètes II*, p.1128 (*Le verger de Mme de Warens*)
[3] *Ib. I*, p.220 (= *Confessions*, V).

Bibliographie

Textes

Oeuvres de Prévost, sous la direction de Jean Sgard, Grenoble, Presses Universitaires, 1978
Histoire du Chevalier Des Grieux et de Manon Lescaut, éd. F. Deloffre/R.Picard, Paris, Garnier, 1965

Bossuet, *Oeuvres*, éd. B. Vélat/ Y. Champailler, Paris, Gallimard, 1961
Bourget Paul, *La terre promise*, Paris, Lemerre, 1890
Challe, *Les illustres françaises*, éd. J.Cormier/F.Deloffre, Paris, Librairie générale française, 1996 (LDP classique 716)
  Mémoires. Correspondance complète. Rapports sur l'Acadie et autres pièces, éd. F.Deloffre/J.Popin, Genèvre, Droz, 1996
Defoe, *La vie et les aventures de Robinson Crusoë*, éd. F. Ledoux, Paris, Gallimard, 1959
Diderot, *Oeuvres II. Contes*, éd. L. Versini, Paris, Laffont, 1994
La Fayette, Mme de, *Histoire de Madame Henriette d'Angleterre*, éd. G. Sigaux, Paris, Mercure de France, 1988
Marivaux, *La vie de Marianne*, éd. F. Deloffre, Paris, Garnier, 1963
  Théâtre complet I/II, éd. F. Deloffre, Paris, Garnier, 1968
Marmontel, *Les Incas ou la destruction de l'empire du Pérou*, Paris, Lacombe, 1778
Potocki, *Manuscrit trouvé à Saragosse*, éd. R. Redrizzani, Paris, Corti, 1992 (LdP classique 9649)
Romanciers du XVIIIe siècle II, éd. R. Etiemble, Paris, Gallimard, 1965
Rousseau, *Oeuvres complètes*, éd M.Raymond/B.Gagnebin,. Paris, Gallimard, 1959-
Théâtre du XVIIIe siècle II, éd. J. Truchet, Paris, Gallimard, 1974
Vairasse, *Histoire des Sevarambes*, éd. R. Trousson, Genève, Slatkine, 1979
Villiers de l'Isle-Adam, *Contes cruels*, éd. P. Citron, Paris, Garnier-Flammarion, 1980
Yourcenar, *Essais et mémoires*, Paris, Gallimard, 1991

Etudes

L'abbé Prévost au tournant du siècle, R. Francis éd., Oxford, Voltaire Foundation, 2000 (=*SVEC* 2000 :11)
Achterhuis Hans, *De erfenis van de utopie*, A'dam, Ambo, 1998

Ariès Philippe, *L'homme devant la mort*, Paris, Seuil, 1977

Brun Christelle, 'De Fénelon à Prévost: *La Jeunesse du Commandeur* (1741) et *Les aventures de Télémaque*' in *Travaux de littérature XIII* (2000), pp.133-42

Busson Henri, *Littérature et théologie. Montaigne, Bossuet, La Fontaine, Prévost*, Paris, PUF, 1962

Chinard Gilbert, *L'Amérique et le rêve exotique dans la littérature française au XVIIe et XVIIIe siècle*, Paris, Hachette, 1913

Coudreuse Anne, *Le goût des larmes au XVIIIème siècle*, Paris, PUF, 2000

Coulet Henri, *Le roman jusqu'à la Révolution*, Paris, Colin, 1967

'Le comique dans les romans de Prévost' in *L'abbé Prévost*, Aix-en-Provence, Ophrys, 1965, pp.173-83

Décobert Jacques, 'Au procès de l'utopie, un "roman des illusions perdues". Prévost et la "colonie rocheloise"' in *Revue des Sciences humaines*, XXXIX/155 (1974), pp.493-504

Dumont Louis, *Essais sur l'individualisme. Une perspective anthropologique sur l'idéologie moderne*, Paris, Seuil, 1983

Ehrard Jean, *L'idée de nature en France dans la première moitié du XVIIIème siècle*, Paris, S.E.V.P.E.N., 1963

Favre Robert, 'Sur un regret de l'Abbé Prévost' in *Dix-Huitième Siècle*, 5 (1973), pp.304-10

Ferrone Vincenzo/Roche Daniel eds, *Le monde des Lumières*, Paris, Fayard 1999.

Francis Richard, *The abbé Prévost's first person narrators*, Oxford, Voltaire Foundation, 1993 (*SVEC*, 306)

'Prévosts *Cleveland* and its anonymous continuation' in *Nottingham French Studies*, 23/1 (1984), pp.12-23

'Le *Cleveland* de Prévost: sensibilité ou critique de la sensibilité' in F. Piva éd, *La sensibilité dans la littérature française au XVIIIe siècle*, Fasano, Schena, ed., 1998, pp.81-95

Fusillo Massimo, *Naissance du roman*, Paris, Seuil, 1991

Garrisson Janine, *L'Edit de Nantes et sa révocation*, Paris, Seuil, 1985

Goulemot, Jean-Marie, *Discours, histoire et révolutions. Représentions de l'histoire et discours sur les révolutions de l'Age Classique aux Lumières*, Paris, U.G.E., 1975

Guizot Françcois, *Histoire de la Révolution d'Angleterre. 1625-16660*, Paris, Laffont, 1997 (Bouquins)

Hartmann Pierre, *Le contrat et la séduction. Essai sur la subjectivité amoureuse dans le roman des Lumières*, Paris, Champion, 1998

Jacot Grapa Caroline, *L'homme dissonant au XVIIIème siècle*, Oxford, Voltaire Foundation, 1997 (*SVOL* 354)

Jouvenel, Bertrand de, *Du pouvoir. Histoire naturelle de sa croissance*, Paris, Hachette, 1972

Köhler Erich, *Le hasard en littérature. Le possible et la nécessité*, Paris, Klincksieck, 1986

Labarrière Pierre-Jean, 'Providence' in *Dictionnaire de Spiritualité ascétique et mystique*, Paris, Beauchesne, 1986, t.XII/2, coL. 2464-2476

Landsberg Paul-Louis, *Essai sur l'expérience de la mort. Le problème moral du suicide*, Paris, Seuil, 1951.

Larkin Steve, 'Rousseau et Prévost. Rapports personnels et lectures' in *Cahiers Prévost d'Exiles* 3(1986), pp.3-14

Leborgne Eric, 'Littérature et transfert dans les romans de Prévost' in J. Herman/P.Pelckmans éds, *L'épreuve du lecteur Livres et lectures dans le roman d'Ancien Régime*, Louvain/Paris, Peeters, 1995, pp.239-50

'Folie et pulsion de mort dans les romans de Prévost: le cas de *Cleveland* et des *Campagnes philosophiques*' in R.Démoris/ H.Lafon éds, *Folies romanesques au siècle des Lumières*, Paris, Desjonquères, 1998, pp.116-31

Mauzi Robert, *L'idée du bonheur dans la littérature et la pensée françaises au XVIIIe siècle*, Paris, Colin, 1969

'Le thème de la retraite dans les romans de Prévost' in *L'abbé Prévost*, Aix-en-Provence, Ophrys, 1965, pp.185-95

Minois Georges, *Histoire du suicide. La société occidentale face à la mort volontaire*, Paris, Fayard, 1995

Monty Jeanne R, *Les romans de l'abbé Prévost*, Genève, Institut et Musée Voltaire, 1970 (*SVOL* 78)

Mortier Roland, 'Julie, Virginie, Atala ou la mort angélique' in R. Mortier, *Le coeur et la raison. Recueil d'études sur le XVIIIe siècle*, Oxford, Voltaire Foundation, 1990, pp.492-503

Pelckmans Paul, '*L'Astrée* ou la discrétion de la mort apprivoisée' in M. Delcroix (éd.), *Thanatos classique*, Tübingen, Gunter Narr, 1980, pp.29-58.

Rousset Jean, *Narcisse romancier. Essai sur la première personne dans le roman*, Paris, Corti, 1973

Salaün Yvan, 'Folie et infanticide dans le roman sensible: Prévost, Baculard, Fauque' in R.Démoris/ H.Lafon éds, *Folies romanesques au siècle des Lumières*, Paris, Desjonquères, 1998, pp.132-53

Sermain Jean-Paul, *Rhétorique et roman au dix-huitième siècle. L'exemple de Prévost et de Marivaux*, Oxford, Voltaire Foundation, 1985 (*SVEC* 233)

Sgard Jean, *Prévost romancier*, Paris, Corti, 1968.

Vingt études sur Prévost d'Exiles, Grenoble, Ellug, 1991

'L'espérance chez Prévost et Voltaire' in *Essays on the Age of Enlightenment in Honor of Ira O.Wade*, Genève, Droz, 1977, pp.271-79

Stewart, Philip, 'Les désillusions de l'heureuse île' in *Saggi e ricerche di letterature francese*, XVI (1976), pp.216-40

'Prévost et son *Cleveland*: Essai de mise au point historique' in *Dix-huitième Siècle* 7(1975), pp.181-208

'L'armature historique du *Cleveland* de Prévost' in *SVEC* 137(1975), pp.121-39

Todorov Tzvetan, *Introduction à la littérature fantastique*, Paris, Seuil, 1970

Versini Laurent, 'L'abbé Prévost et la mort de Madame' in *Thèmes et genres littéraires aux XVIIe et XVIIIe siècles. Mélanges en l'honneur de J. Truchet*, Paris, PUF, 1992, pp.125-31

Vincent-Buffault Anne, *Histoire des larmes*, Paris, Rivages, 1986

Vovelle Michel, *La mort et l'Occident de 1300 à nos jours*, Paris, Gallimard, 1983.

Table des matières

Introduction	5
Les desseins du Ciel	11
Récurrences	12
La souci de soi	19
La soumission érodée	23
La débâcle des utopies	31
La colonie rocheloise	32
Au sortir de l'état de nature	41
La superstition et la peur	53
Impossibles solitudes	63
Le solitaire de Serrane	64
Le suicide mal refusé	67
Le coeur et ses doutes	81
Le coeur et ses raisons	99
Prodiges	105
Inconsciences	115
Le mystère de Cecile	129
La preuve suprême	141
Les maux de la fin	155
Conclusion	167
Bibliographie	171